公文書をアーカイブする

—事実は記録されている—

小川千代子
菅　真城
大西　愛
編著

HANDAI Livre 070
大阪大学出版会

目　次

はじめに――公文書をアーカイブとして正しく残す……小川千代子　1

第一章　国と地方公共団体の公文書……5

1　国の公文書と国立公文書館　菅　真城　6

2　鳥取県立公文書館の理念とその制度整備　小川千代子　21

3　板橋区公文書館の公文書移管と公開　元《ウォン》　ナミ　32

第二章　さまざまな資料をアーカイブする……43

1　暮らしの中のアーカイブ　大西　愛　44

2　資料のかたちはいろいろ　平井洸史　61

コラム　私のファミリーヒストリー
――個人で先祖さがしをやってみた（武田浩子）　83

第三章　二一世紀のアーカイブの潮流……………………小川千代子　91

はじめに　92
1　日本に紹介されたアーカイブ　93
2　アーカイブ（ズ）の登場　98
3　デジタル・アーカイブ　102
4　二一世紀のアーカイブ潮流　107
5　アーカイブ、残すということ　113
むすび　これからのアーカイブにむけて　120
付録「アーカイブ」定義集成　122

第四章　アーカイブを維持する修復技術……………………金山正子　125
はじめに　126
1　日本の古文書にみられる劣化症状とは？　129
2　紙資料の修復技術ってどんなもの？　133
3　まずは健康診断をしてから処置方針を決める　143
4　じつは近現代の記録資料が危ない！　147
5　出土した一五〇〇年前の炭化アーカイブを救う！　150
6　絵図面の貼紙に隠れていたランドスケープ　154
7　バチカンでも活用される日本の古文書修復技法　157
8　あらためて日本の文書修復について考えること　163
さいごに　169
コラム　世界のアーカイブ修復保存の現場から（金山正子）　174

第五章　科学技術・国際機関のアーカイブ……179

1　セルン施設とアーカイブ　平井洸史　180

2　仁科記念財団、仁科芳雄記念室の見学レポート　小川千代子　196

3　国際連盟に届いた日本脱退の電報　小川千代子　204

コラム　国連高等弁務官事務所（UNHCR）でアーカイブを守る人々（大西　愛）　211

おわりに――これからのアーカイブに向けて……小川千代子　217

はじめに――公文書をアーカイブとして正しく残す

小川　千代子

公文書管理のスキャンダル

公文書は作成した主体（機関）が示す正式文書である。公文書に記載されていることは公式の見解であり、根拠となる情報源ととらえてよいと考えてきた。二一世紀に入ってからは、この考え方に基づき、情報公開制度を利用して報道や研究が行われるようになってきた。公表される政府情報にはホントのことが記されているという暗黙の了解のもとに、情報公開制度は私たちの生活の中にずいぶんと浸透してきている。二〇一一年四月、この延長上で公文書管理法が制定され、情報公開法と車の両輪のようにして、政府情報の公表が進められるようになった。それによって社会は明るく進んでいくものだと思っていた。しかし、二〇一一年三月の東日本大震災、まさに国難に見舞われると、政治社会に陰りが見えてきた。

ウソをつく政府

福島の原発事故（メルトダウン）が起きると国民に正確な情報を知らせないという政治判断が行われたらしい。その時から政治が国民にウソをつき始めた。その後政権が交代すると納税者に対する横柄な姿勢が激化した。原発をやめるといった首相の言葉はいつの間にか反故にされ、あちこちで原発再稼働が始まり、それに反対を唱える人の抗議は全く無視する。民主主義も立憲主義も無視して、たいがいは閣議決定してしまう。こうして、汚職や政治の腐敗が大手を振ってまかり通る社会が出現してしまった。そんな中でモリカケ問題が登場した。

モリの場合は、森友学園が国有地払い下げを受けた際の経過報告書に記載されていた内容が政府にとって不都合であることが判明したためか、その不都合が判明したのちに、報告書は書き換えられたのである。昨日見た報告書と今日見る報告書では内容や表現が異なるものになった。

カケ問題とは、加計学園獣医学部新設につき複数の組織で作成された同じ会合の記録に齟齬が生じたという話である。組織Aでは事実として記録されている内容が、組織Bでは記録されておらず、さらに組織Cの発言者は事実ではなく希望を語ったと言い出し、記録そのものの信憑性がうやむやになってしまった。問題が表面化した経過から見て、組織Aの記録は内容から見て最も信憑性が高いという印象がある。にもかかわらず、組織B（国側）にとって不都合な内容であるためか、組織Aの記録の内容の信憑性がないと印象付けるために、組織Cからの会合出席者が発した言葉は、「希望をのべたものであり事実ではなかった」とする「釈明」を行わせた、ということである。モリもカケも政府側がウソをおし通し、多額の税金が不正に支出されたという心証を国民側に与えたにちがいない。

公文書管理に対する信頼性の失墜

いずれも公文書という記録が問題発生のきっかけとなっている。公文書という記録の取り扱いはどうなっているのか。モリの場合は改ざんに携わった担当者が自殺した。公文書の改ざんはそれほどに重大な違法行為なのである。

公文書は事実を伝える記録として永久に保存されるが、途中で公文書が改ざんされたり、意図的に記録すべき情報を脱落させたりするという「悪意ある行為」があってはならない。だが、あってはならない「悪意ある行為」に対する対策は、残念ながら今のところ皆無に見える。権力構造のトップに置かれる「国」の機関による悪意ある行為により、公文書の管理がないがしろにされたのである。納税者はこれまでの信頼を裏切られた。真実を伝えるはずの公文書がもはや信頼できないものであるという「心証」がもたらされたことは、モリカケ問題がもたらした公文書管理の側面の最も深刻な影響であろう。

政治的腐敗、汚職の横行などの現状のなかで私たちは不正に敏感でありたいと願っている。公文書・資料・アーカイブにかかわる仕事をしてきた私たちは、この憂うべき現在に何か物申さなくてはならないと本書の刊行を意図した。

第一章

国と地方公共団体の公文書

1　国の公文書と国立公文書館

菅　真城

公文書をめぐる問題

読者の皆様は公文書管理法という法律をご存じであろうか。公文書管理法は正式名称を「公文書等の管理に関する法律」（平成二十一年法律第六十六号）という。二〇〇九年七月一日に公布され、二〇一一年四月一日に全面施行された。

筆者は所属大学でのアーカイブズ学の授業で「公文書管理法という法律を知っている人？」と聞くと、挙手をする学生は皆無であった。一般の認知度もそれほど変わらないと推察される。

一方で、二〇一六年秋から二〇一七年前半にかけて起こった、陸上自衛隊ＰＫＯ部隊日報問題、森友学園問題、加計学園問題については、全ての学生が知っていたが、これらが公文書問題と関わり、公文書管理法や情報公開法があったからこそ問題が顕在化したことを認識している学生はいなかった。公文書管理と情報公開は車の両輪である。公文書管理法とは、地味ながら実は重要な法律なのである。なお、「モリ・カケ」問題等と公文書管理法の関係を論じることは本節の課題を離れるので、適切な概説書をご参照いただきたい(1)。

そして、国の公文書を保存・公開している国立公文書館という組織をご存じであろうか。これも地味ながら、国民全てに開かれた施設である。

まず、公文書管理法を手がかりに国の公文書と国立公文書館について概説したい。

公文書とは──公文書管理法による定義──

国の公文書とは何であろうか。公文書管理法の第一条にこの法の目的が書かれている。長文なので要約すると次のようである。

国及び独立行政法人等の諸活動が記録されている公文書は、国民共有の知的資源であり、国民が主体的に利用できるものであり、行政ではこれらを適切に管理することで行政が適正かつ効率的に運用されるようにするとともに、現在や将来の国民に説明する責務があると記されている。（関係ある条文の全体を文末に掲げたので、興味のある方は読んでいただきたい）

実は、公文書管理法は公文書について定義していない。定義しているのは「公文書等」についてである。公文書等とは行政文書、法人文書、特定歴史公文書等の三つからなる（第二条第八号）。このうち、特定歴史公文書等とは、独立行政法人国立公文書館及び国立公文書館等（国立公文書館に類する機能を有する施設として政令で指定されたもの）に移管された文書であり、法人文書とは独立行政法人等が保有する文書である。第二条第四号の規定により行政文書の定義を見ておきたい。

行政文書とは、①行政機関の職員が職務上作成し、又は取得した文書で、②組織的に用いるものとして、③当該行政機関が保有しているという三つの要件を満たす必要がある。法人文書の定義も同様である。職員の私的メモは、組織的に用いていないので、行政文書や法人文書、すなわち公文書には当たらないとしている。森友学園問題、加計学園問題では、この私的メモの行政文書としての該当性が問題になった。

ちなみに、『広辞苑』（第六版）は、「公文書」を「国または地方公共団体の機関、または公務員がその職務上作成した文書。その偽造および変造によって公文書偽造罪が成立する。公書。↔私文書」と解説している。法の三要件のうち、②③に触れるところはない。法律用語と一般的な用語との乖離がここにみられる。

公文書管理法第四条では、行政文書の作成が義務づけられている。行政機関の職員は、当該行政機関の意思決定に至る過程や事務、事業の実績を跡付け、検証ができるように文書を作成しなければならないとされている。「経緯も含めた意思決定に至る過程」とある点が重要である。結果のみを残せばよいわけではない。

次に公文書管理法第五条第五項と第八条には、行政文書の保存期間が満了した時の措置について述べられている。行政機関の長は、保存期間満了前のできるだけ早い時期に、行政文書が歴史公文書に当たるかどうかを判断して、国立公文書館等に移管するか廃棄するか（このことを評価選別という）を定めるとされている。そして保存期限満了後は、歴史的公文書に当たるものを国立公文書館に移管し、それ以外は廃棄の措置をとることになっている。

それを決めるのは、アーキビストといった文書管理の専門家でなく、行政機関の長（実際は文書管理者にあてられている課長クラスが多い）なのである。行政による恣意的な文書廃棄の危険性がここに孕まれている。

第八条には、行政文書の移管先として国立公文書館等が登場する。国の公文書のうち、外務省の公文書は外務省外交史料館に、宮内庁の公文書は宮内庁宮内公文書館に移管されるが、その他の機関の公文書は国立公文書館に移管される。

以上みてきたように公文書管理法は行政機関を対象としていて、司法機関、立法機関の公文書に関する法律は存在しない。今後の措置が必要である。

国立公文書館とは

現用の役目が終わった公文書を永久に残してアーカイブするところ、それが国立公文書館である。保存期間が満了した歴史公文書等は国立公文書館に移管されるのであるが、国立公文書館に行ったことのある人はどれぐらいいるだろ

国立公文書館（写真提供：国立公文書館）

う。国立公文書館は、東京メトロ東西線を竹橋駅で下車して徒歩約五分、北の丸公園内にある。隣にある東京国立近代美術館へは行ったことがあっても、国立公文書館に行ったことがある人は少数ではないかと想像する。また、茨城県つくば市にはつくば分館がある。

国立公文書館は、一九七一年に総理府の附属機関として設置された。それまで各官庁で保存されてきた公文書が移管され、江戸幕府の古文書や古書などからなる内閣文庫は、その重要な一部門となった。

一九八七年公文書館法が制定された。これで国立公文書館は地方公文書館との接点を持った。一九九九年には国立公文書館法が制定された。二〇〇一年からは独立行政法人化された。また、同年には国立公文書館及び外務省外交史料館、防衛省防衛研究所図書館などが所蔵するアジア歴史資料をデータベース化し、インターネット配信を行うアジア歴史資料センターが開設された。

つくば分館（写真提供：国立公文書館）

ちなみに、近代的文書館の嚆矢がフランスにできたのは、フランス革命後の一七九四年のことである。その始まりには約二百年の差がある。

国立公文書館に行ってみよう

では、国立公文書館に行ってみよう。

一階では展示が行われている。元々展示用に設計されたところではないための制約があるが、近年では、常設展、春・秋の特別展、企画展が行われている。国立公文書館外で他機関と連携した展示も行われている。展示その他の方法によって積極的に一般の利用に供することが公文書管理法第二十三条で決められている。

二階には閲覧室がある。閲覧室では、所定の手続を経ると、特定歴史公文書等を閲覧することができる。所定の手数料を支払えば、複写もできる。持参したデジタルカメラ等で撮影することもでき、これは無料である。

特定歴史公文書等の閲覧は、国民の権利として認められている。公文書管理法第十六条には、特定歴史公文書等について、利用の請求があった場合には、利用させせなければならないと定められている。この法によって、国立公文書館が利用しやすくなったと感じる人は多い。

閲覧室では、まず、目録により閲覧を希望する特定歴史公文書等をさがす。目録には、紙媒体のものに加え、パソコンでも検索できるので便利である。目録の作成は、公文書管理法第十五条第四項で、国立公文書館には作成・公表が義務づけられているので目録は完備している。

所蔵資料は原則として公開である。ただし、個人情報等が含まれていたり、原本を利用することにより資料が破損される恐れがある場合は、利用が制限されることがある。目録にはこれらの審査結果に応じて、公開、部分公開、非公開、要審査の利用制限の区分が記されている。その他、目録に記載すべき事項は、公文書等の管理に関する法律施行令及び特定歴史公文書等の保存・利用及び廃棄に関するガイドラインで定められている。

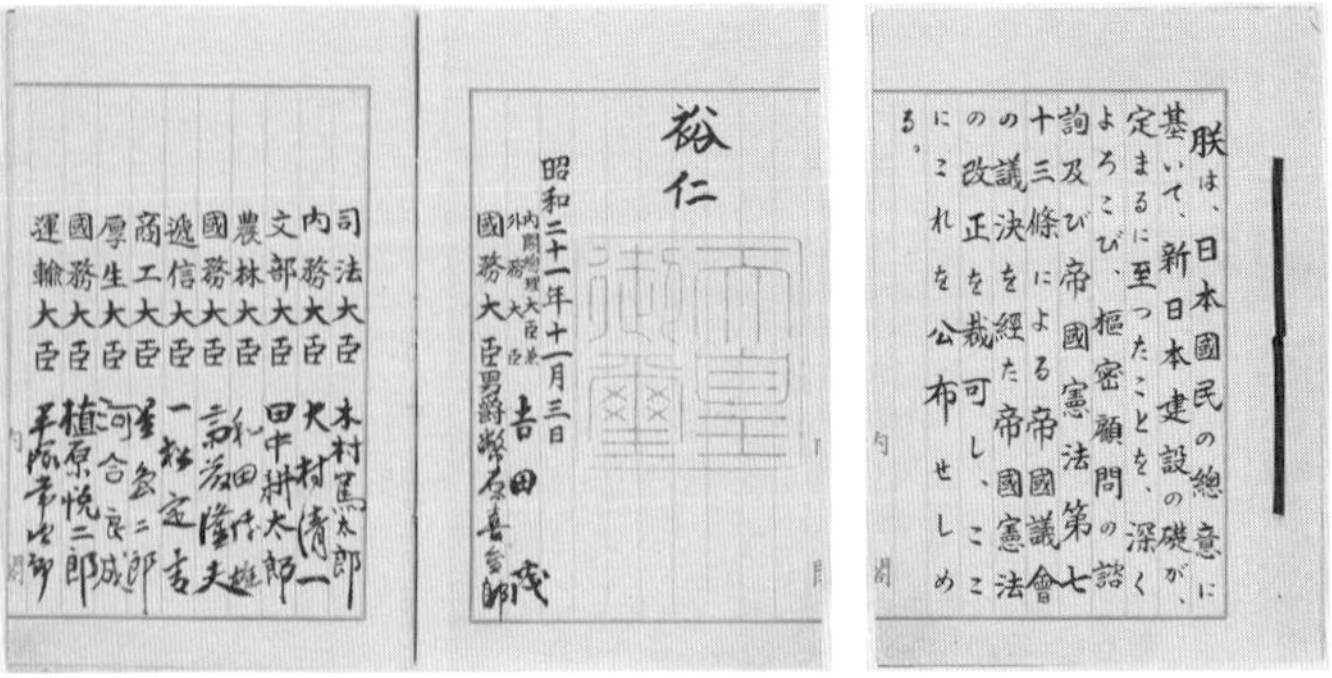
朕は、日本國民の總意に基いて、新日本建設の礎が、定まるに至つたことを、深くよろこび、樞密顧問の諮詢及び帝國憲法第七十三條による帝國議會の議決を經た帝國憲法の改正を裁可し、ここにこれを公布せしめる。

裕仁

昭和二十一年十一月三日

内閣總理大臣兼外務大臣 吉田茂

國務大臣 男爵 幣原喜重郎

司法大臣 木村篤太郎

内務大臣 大村清一

文部大臣 田中耕太郎

農林大臣 和田博雄

國務大臣 齋藤隆夫

遞信大臣 一松定吉

商工大臣 星島二郎

厚生大臣 河合良成

國務大臣 植原悦二郎

運輸大臣 平塚常次郎

デジタルアーカイブから見つけた「日本国憲法」原本（国立公文書館所蔵）

利用にあたっては、目録を検索した上で利用請求書に必要事項を記入して閲覧室受付に提出、利用の可否が審査された上で利用決定通知書が交付される。目録の区分が公開、部分公開になっているものは、原則として当日に利用決定がなされる。非公開、要審査の場合、原則三十日以内に利用決定がなされることになっている。利用決定に不服がある場合は、国立公文書館長に対し、異議申立てをすることができる（法第二十一条）。利用決定通知書を受けると、利用の方法申出書を提出して、実際に公文書を利用することになる。また、目録において公開、部分公開となっているものについては、簡易閲覧申込書を提出することで、利用請求、利用決定の手続を省略することができる。

国立公文書館の書庫には、利用者は立ち入ることができない。書庫内は温湿度が厳密に管理されている（温度二十二℃、湿度五十五％）。ただし、一般の人たちを対象としたバックヤードツアーが開催されることもあり、そうした機会には書庫に入るこ

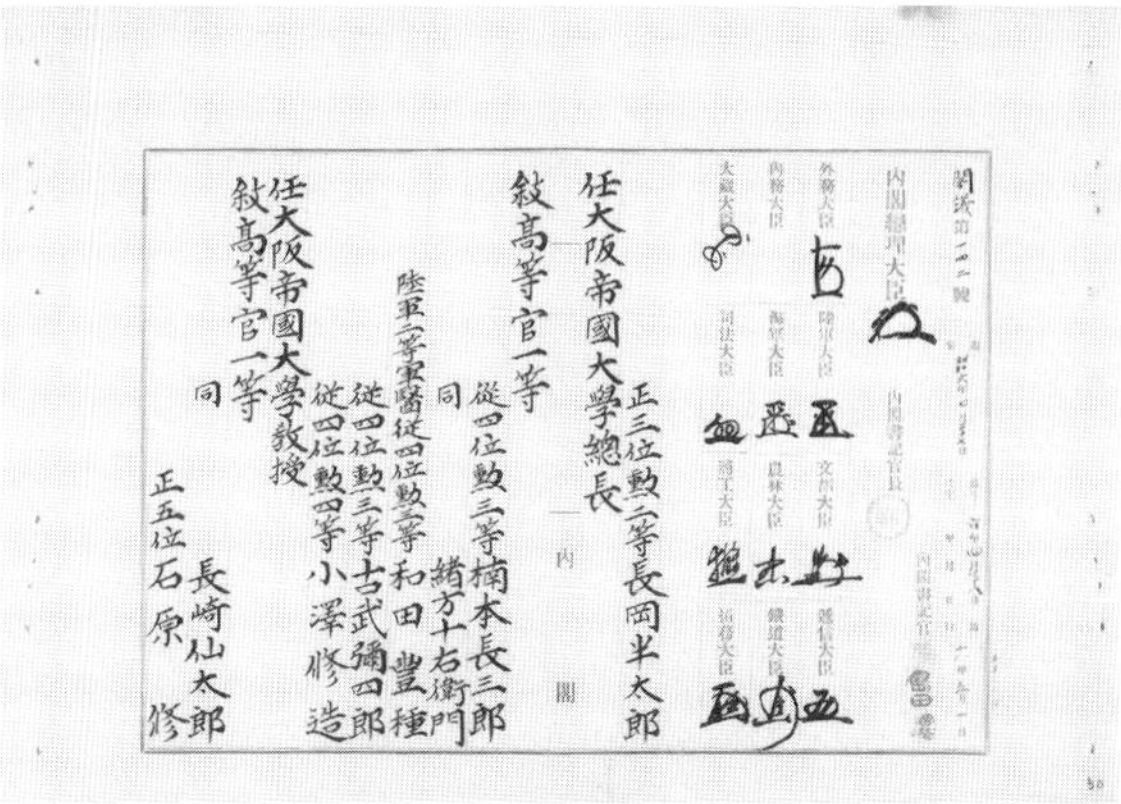

内閣総理大臣

外務大臣　内務大臣　大蔵大臣　陸軍大臣　海軍大臣　司法大臣　文部大臣　農林大臣　商工大臣　逓信大臣　鉄道大臣　拓務大臣

任大阪帝國大學總長　正三位勲二等　長岡半太郎
叙高等官一等
同　従四位勲三等　楠本長三郎
緒方十右衛門
陸軍一等軍醫従四位勲二等　和田豊種
従四位勲三等　古武彌四郎
従四位勲四等　小澤修造
任大阪帝國大學教授
叙高等官一等
長崎仙太郎
同　正五位　石原　修

「長岡半太郎外十六名任官ノ件」1931年（長岡半太郎が大阪帝国大学総長となる）（国立公文書館所蔵）

とができる。

つくば館にも閲覧室があり、分館の所蔵する資料及びマイクロフィルム化した資料を閲覧できる。また常設展示室があり、夏休み期間には企画展も行っている。

デジタルアーカイブを利用してみよう

地理的な関係等から、国立公文書館まで実際に足を運ぶことが困難な人もいるであろう。そういう人がインターネットで無料で気軽に利用できる国立公文書館デジタルアーカイブがある。目録の検索には、キーワード検索、階層検索と多様な検索メニューが用意されている。なお、このデジタルアーカイブでの目録検索は、実際に国立公文書館に足を運ぶ場合でも、事前の調査として有効である。公文書の一部は、目録検索から公文書画像にリンクが張られているものもある。

目録は検索できなくても、興味がある人に対しては、主な資料をデジタル画像で見ることが出来るようになっている。日本国憲法や大日本帝国憲法などのデジタルデータを見ることができる。また、絵図などの大判資料は閲覧室で閲覧することは困難だが、デジタルアーカイブだと自由に閲覧することができる。

国立公文書館新館構想

国立公文書館の書庫は、二〇一九年度にも満杯になると見込まれることなどから、新館を建設することが国立公文書館の機能・施設の在り方等に関する調査検討会議[2]等で検討されてきた。検討の結果、憲政記念館が立地する国会前庭に新館が建設されることになった。完成予定時期は二〇二六年度である。新館構想に伴い、国立公文書館の機能についても検討が加えられたが、建設場所や建物・設備などに議論が収斂していってしまった。新館に見合った機能の充実が望まれる。

注

（1）瀬畑源『公文書問題　日本の「闇」の核心』集英社新書、二〇一八年、松岡資明『公文書問題と日本の病理』平凡社新書、二〇一八年。

（2）https://www8.cao.go.jp/chosei/koubun/kentou/index.html（参照 二〇一九 一一 八）

公文書管理法（抄）

•第一条（目的）

この法律は、国及び独立行政法人等の諸活動や歴史的事実の記録である公文書等が、健全な民主主義の根幹を支える国民共有の知的資源として、主権者である国民が主体的に利用し得るものであることにかんがみ、国民主権の理念にのっとり、公文書等の管理に関する基本的事項を定めること等により、行政文書等の適正な管理、歴史公文書等の適切な保存及び利用等を図り、もって行政が適正かつ効率的に運営されるようにするとともに、国及び独立行政法人等の有するその諸活動を現在及び将来の国民に説明する責務が全うされるようにすることを目的とする。

•第二条第四項（行政文書の定義）

この法律において「行政文書」とは、行政機関の職員が職務上作成し、又は取得した文書（図画及び電磁的記録（電子的方式、磁気的方式その他人の知覚によっては認識することができない方式で作られた記録をいう。以下同じ。）を含む。第十九条を除き、以下同じ。）であって、当該行政機関の職員が組織的に用いるものとして、当該行政機関が保有しているものをいう。ただし、次に掲げるものを除く。
一　官報、白書、新聞、雑誌、書籍その他不特定多数の者に販売することを目的として発行されるもの
二　特定歴史公文書等
三　政令で定める研究所その他の施設において、政令で定めるところにより、歴史的若しくは文化的な資料又は学術研究用の資料として特別の管理がされているもの（前号に掲げるものを除く。）

• 第四条（行政文書の作成の義務）
行政機関の職員は、第一条の目的の達成に資するため、当該行政機関における経緯も含めた意思決定に至る過程並びに当該行政機関の事務及び事業の実績を合理的に跡付け、又は検証することができるよう、処理に係る事案が軽微なものである場合を除き、次に掲げる事項その他の事項について、文書を作成しなければならない。
一　法令の制定又は改廃及びその経緯
二　前号に定めるもののほか、閣議、関係行政機関の長で構成される会議又は省議（これらに準

ずるものを含む。）の決定又は了解及びその経緯

三　複数の行政機関による申合せ又は他の行政機関若しくは地方公共団体に対して示す基準の設定及びその経緯

四　個人又は法人の権利義務の得喪及びその経緯

五　職員の人事に関する事項

・第五条第五項（行政文書の整理）

行政機関の長は、行政文書ファイル及び単独で管理している行政文書（以下「行政文書ファイル等」という。）について、保存期間（延長された場合にあっては、延長後の保存期間。以下同じ。）の満了前のできる限り早い時期に、保存期間が満了したときの措置として、歴史公文書等に該当するものにあっては政令で定めるところにより国立公文書館等への移管の措置を、それ以外のものにあっては廃棄の措置をとるべきことを定めなければならない。

・第八条（移管又は廃棄）

行政機関の長は、保存期間が満了した行政文書ファイル等について、第五条第五項の規定による定めに基づき、国立公文書館等に移管し、又は廃棄しなければならない。

・第十五条第四項（目録の作成・公表の義務）

国立公文書館等の長は、政令で定めるところにより、特定歴史公文書等の分類、名称、移管又は寄贈若しくは寄託をした者の名称又は氏名、移管又は寄贈若しくは寄託を受けた時期及び保存場所その他の特定歴史公文書等の適切な保存を行い、及び適切な利用に資するために必要な事項を記載した目録を作成し、公表しなければならない。

・第十六条（特定歴史公文書等の利用請求）

国立公文書館等の長は、当該国立公文書館等において保存されている特定歴史公文書等について前条第四項の目録の記載に従い利用の請求があった場合には、次に掲げる場合を除き、これを利用させなければならない。

・第二十三条（展示）

国立公文書館等の長は、特定歴史公文書等（第十六条の規定により利用させることができるものに限る。）について、展示その他の方法により積極的に一般の利用に供するよう努めなければならない。

2 鳥取県立公文書館の理念とその制度整備

小川 千代子

二〇一九年四月現在、国立公文書館のホームページに関連リンクとして掲出された日本の都道府県の公文書館は三八館を数える。政令指定都市及び市町村の公文書館を加えると七七館となる。公文書を作成、保存し、公開する制度は地方自治体ではそれぞれの組織ごとに異なるのは日本の特徴である。特に自治体が掲げる公文書保存の理念をどう現用公文書管理のしくみにつなげていくのか、それは例規類によく現れる。その中で、公文書保存の理念、公文書管理の実際の両方を条例に取りまとめている鳥取県の事例を紹介しよう。

一 鳥取県立公文書館を支える例規類

次頁の表を参照されたい。これは鳥取県立公文書館の根拠規程、選別基準等

鳥取県立公文書館関係例規

制定年月	種別	例規名称
2019.4	公	鳥取県立公文書館歴史公文書等選別方針
2019.4	公	鳥取県立公文書館歴史公文書等選別方針別表（評価選別基準）
2019.3	文	鳥取県文書の管理に関する規程
2019.3	文	鳥取県文書の保存期間に関するガイドライン
2016.12	公	鳥取県における歴史資料として重要な公文書等の保存等に関する条例
2012.7	公	鳥取県公文書等の管理に関する条例に基づく利用請求に対する処分に係る審査基準
2012.3	公	鳥取県立公文書館管理運営要綱
2012.3	公	鳥取県立公文書館管理運営要綱様式
2012.3	公	鳥取県立公文書館閲覧室利用規程
2012.12	公	鳥取県立公文書館寄贈・寄託文書受入要領
2011.10	公	鳥取県公文書等の管理に関する条例

凡例：種別欄の文は文書関連例規　公は公文書館関係例規

を最近のものからさかのぼって年代順でまとめたものである。

二〇一九年四月一日付で「鳥取県立公文書館歴史公文書館等選別方針」及び同別表があるが、まずは、鳥取県立公文書館の在り方を規定している二つの条例について触れておきたい。

鳥取県では国の公文書管理法の制定を追いかけるように、二〇一一年一〇月、「**鳥取県公文書等の管理に関する条例**」（**略称公文書管理条例**）を制定した。現用公文書と歴史公文書の統一的な管理・保存・利用を定めた条例である。

二〇一一年一〇月の公文書管理条例の制定にあたっては、「「情報公開」と「事務効率化」を2大目的に掲げた。」「県民への説明責任と利便性の向上に加えて、文書事務の効率化による適正な県政の推進を条例制定の効果とし」たとされている。(1) 二〇一一年の公文書管理条例制定により、公文書管理条例の適用を受ける実施機関は永年保存文書を廃し最長三〇年保存に改めた。その後二〇一二年一月に鳥取県立公文書館歴史公文書等選別方針（略称選別方針）が定められた。これについては後述する。

二〇一六年一二月、「**鳥取県における歴史資料として重要な公文書等の保存等に関する条例**」（**略称歴史資料保存条例**）が制定された。鳥取県が歴史資料として重要な公文書等の保存及び利用に関し、基本理念を定めた条例である。この鳥取県立公文書館の歴史資料保存条例の特色を指摘しておきたい。それは県下の市町村との提携・協力体制を確保しようとする理念が盛り込まれていることである。この理念は現在、県下市町村との「市町村歴史公文書等保存活用共同会議」という具体的で継続的な活動に生かされている。活動成果は、公文書館だよりで報告、公表されている模様である。県下市町村との協力による歴史資料保存活動は、鳥取県立公文書館の特色である。

この条例の制定に伴い、それまで鳥取県立公文書館の設置根拠であった一九九〇年制定の「鳥取県立公文書館の設置及び管理に関する条例」（略称設管条例）が廃止された。

二　歴史公文書等評価選別方針

次に、**鳥取県の評価選別方針**について見ておこう。前節にも述べたとおり、鳥取県の場合は二〇一二年に選別方針が定められ、公文書管理条例に基づき選別収集が行われている。

保存期間満了後の公文書への措置は実施機関が判断し評価選別基準を参考に選別方針を定めるとされている。実施機関が評価選別方針を定めるとされている点はアーカイブの専門家には注目すべきポイントである。何故なら、評価選別とは公文書館専門職員、いわゆるアーキビストがその専門性を発揮する中核業務とされている。だが、鳥取県の場合は選別方針で実施機関が第一義的に評価選別を担う仕組みが明示されている。

後掲「図1　鳥取県　公文書引継ぎの流れ　知事部局（本庁）の場合」を見ると、文書作成課が文書処理完結後各所属で一年間保管した後、保存期間満了後の措置を判断し、政策法務課へ引継ぎ、とされていることがわかる。もう一点、『鳥取県立公文書館歴史公文書等選別方針　平成二四（二〇一二）年一月一六日』（以下「鳥取県選別方針」）により選別方針の三の選別の対象外が明示されている、つまり「鳥取県選別方針」により公文書館への引継ぎをしないものについて評価選別の基準に盛りこみ、評価選別実務がより能率的に実行されるように組み立てられているところは注目すべきである（28頁　鳥取県立公文書館歴史公文書等選別方針　平成二四年一月一六日）。

「鳥取県選別方針」における選別対象は公文書等であり、そのうち(1)すべて引継ぐものに、昭和二八（一九五三）年度以前に作成取得された文書があげられている。一定以上の時間を経過した古い文書は、年代のみを手がかりに歴史公文書とする、というルールである。もう一つ選別対象外とするものジャンルが明示されている。これは、(2)すべて引継がないもので示されている。すべて引き継がないものとは、具体的にここでは、アとして庶務、経理その他定型的業務を遂行する上で発生する文書の10種類を例示し、このほかに大分類イ（主務課から引き継ぐため重複すると考えられるもの）、ウ（別に刊行物にその内容が記されて

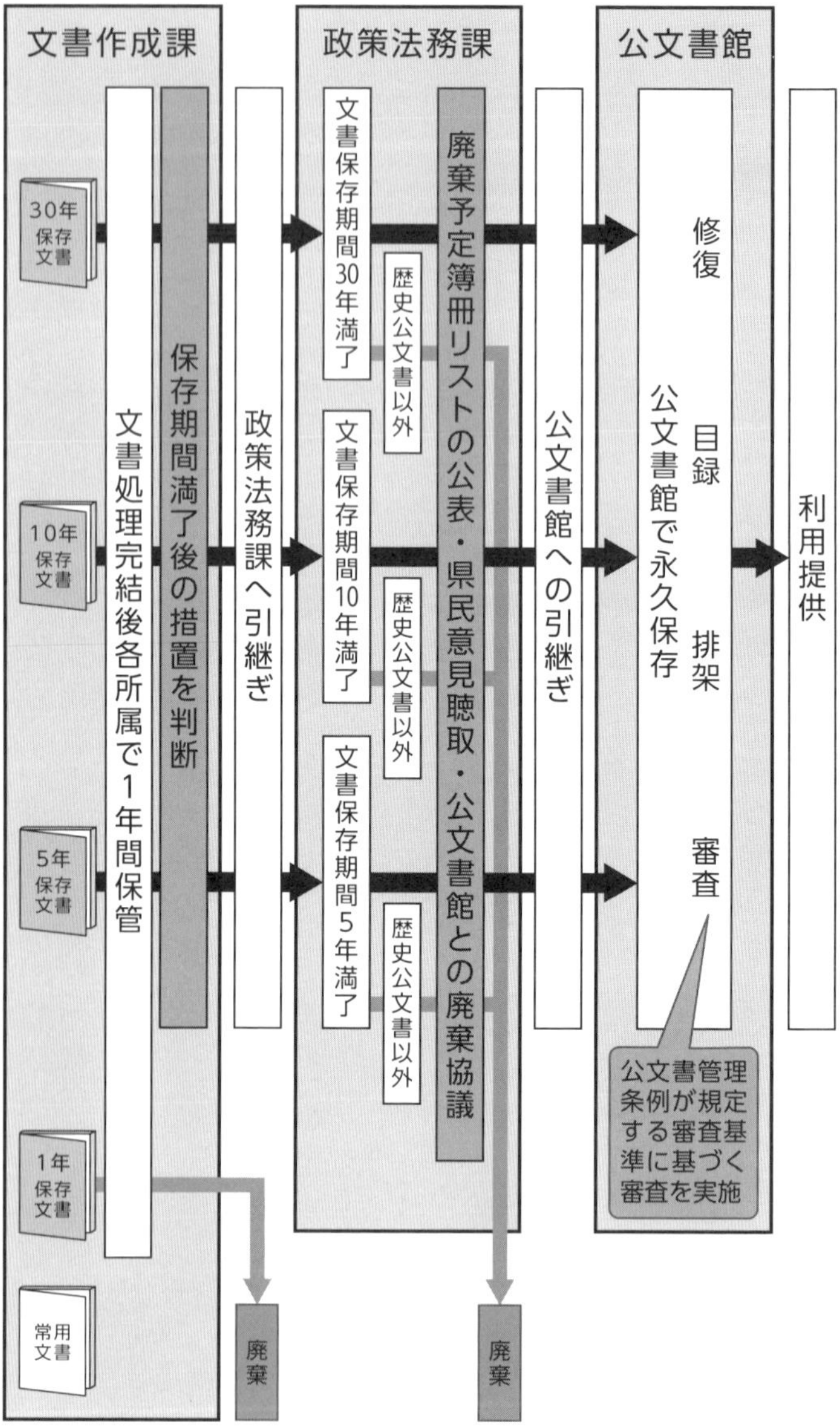

図1　鳥取県　公文書引継ぎの流れ　知事部局（本庁）の場合

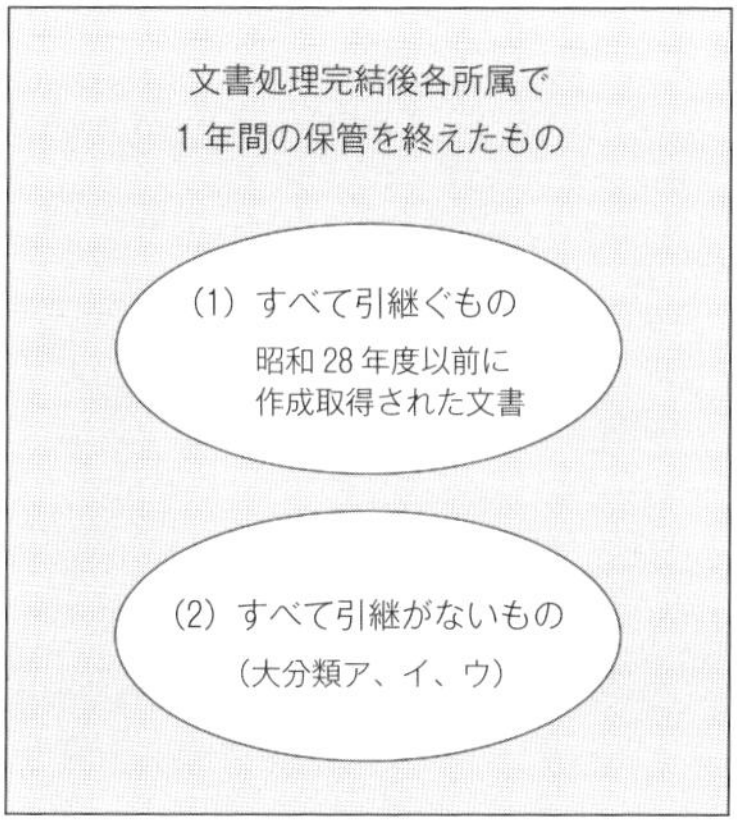

図2　鳥取県の評価選別と対象外文書
（小川千代子作成）

いるもの）が示されている（図2　鳥取県の評価選別と対象外文書）。

評価選別対象外文書を明示することは、評価選別作業に要する時間を可能な限り短縮し、担当者が判断を定めるまでの迷いを軽減するためには非常に大切であると考える[2]。その観点から、鳥取県の評価選別方針は実務に照らして優れたルールであると評価する。歴史資料として重要な公文書の評価選別に関しては、アーキビストの中核的業務とされていることも手伝い、公文書館内でこれを行うのを良しとする傾向は強い。これに対し、評価選別を実施機関にゆだねる鳥取式制度は、歴史資料として重要な公文書等の選別に実施機関が明確に関与するので、実施機関側にとっても未来に残すべき公文書について考える機会を持ち、長期的視野で担当する行政実務を見直す機会となる。そこから、より広い視点での「情報公開」「事務効率化」をめざし、「県民への説明責任と利便性の向上」を図る実施機関の業務が推進されていくものと期待する。

鳥取県立公文書館歴史公文書等選別方針

平成24年1月16日

1 基本方針

鳥取県公文書等の管理に関する条例第２条第１項に規定する歴史公文書等の定義に基づき選別収集を行う。

条例第２条第１項

ア 実施機関の組織及び機能並びに政策の検討過程、決定、実施及び実績に関する重要な情報が記録された文書

イ 県民の権利及び義務に関する重要な情報が記録された文書

ウ 県民を取り巻く社会環境、自然環境等に関する重要な情報が記録された文書

エ 県の歴史、文化、学術、事件等に関する重要な情報が記録された文書

オ アからエまでに掲げるもののほか、歴史資料として重要な情報が記録された文書

2 評価選別方針

別表「評価選別基準」に基づいて選別を行う。

3 選別の対象外

（1）すべて引き継ぐもの

昭和２８年度以前に作成取得された文書

（2）すべて引き継がないもの

ア 庶務、経理その他定型的業務を遂行していく過程で作成される次に掲げるもの

1 収入・支出関係の書類（収入調書、支出負担行為書、支出仕訳書など）
2 職員の給与に関するもの
3 文書の収発に関する諸帳簿
4 旅行に関する諸帳簿（旅行命令簿）
5 勤務に関する諸帳簿（勤務簿、休暇簿、時間外勤務簿、夜間勤務命令簿）
6 各種手当の認定関係書類
7 物品の管理に関する諸帳簿
8 職員研修に関するもの
9 公用車の運転日誌等
10 その他上記に準じるもの

イ 他課をとりまとめ主務課として行われた通知・依頼・照会などに対する各課の回答・報告、及び他課の主催する会議の配布資料（※主務課から引き継ぐため）

ウ 各種調査報告書、県公報の原稿、統計の集計表などで別に刊行物にその内容が記載されているもの

以上

『鳥取県立公文書館歴史公文書等選別方針　平成24年1月16日』

http://www.pref.tottori.lg.jp/secure/515399/senbetsu_hoshin.pdf（2019.3.2確認）

鳥取県立公文書館歴史公文書等評価選別方針

平成24年1月16日制定
平成24年3月14日一部改正
平成31年4月1日一部改正

1　基本方針

鳥取県公文書等の管理に関する条例第2条第1項第3号に規定する歴史公文書等の定義に基づき、各実施機関の保存期間が満了した簿冊及び議会文書を評価選別して公文書館へ引き継ぐ。

条例第2条第1項第3号
ア　実施機関の組織及び機能並びに政策の検討過程、決定、実施及び実績に関する重要な情報が記録された文書
イ　県民の権利及び義務に関する重要な情報が記録された文書
ウ　県民を取り巻く社会環境、自然環境等に関する重要な情報が記録された文書
エ　県の歴史、文化、学術、事件等に関する重要な情報が記録された文書
オ　アからエまでに掲げるもののほか、歴史資料として重要な情報が記録された文書

2　評価選別基準

上記基本方針に基づいて個別の公文書が歴史公文書等に該当するかどうかを判断するに当たっては、別表1「評価選別基準」により評価選別を行う。

3　歴史公文書等に該当しない文書

別表2「歴史公文書等に該当しない文書」に掲げる文書は収集しない。

『鳥取県立公文書館歴史公文書館等評価選別方針　平成31年4月1日1部改正』
https://www.pref.tottori.lg.jp/secure/1166107/senbetsu_houshin_310401R.pdf（2019.6.3確認）

【付記】二〇一九年五月下旬、本書の再校校正中に確認のためホームページを訪れた。そこでこの選別方針は平成三一（二〇一九）年四月一日付で一部改正されていることを知った。選別方針の基本方針はほぼ変わりがないが、評価選別方針は選別基準に、選別の対象外は「歴史公文書等に該当しない文書」に改められ、新たに別表二が加わった。

詳しい考察を書き加える時間的余裕がないので、この一部改正の事実と、改正後の評価選別方針（前頁）を掲出し、改正による変化をここに記すことで、読者諸兄諸姉にはご容赦願いたい。

注

（1）西村　芳将　にしむら・よしまさ（鳥取県立公文書館公文書担当副主幹）「公文書管理条例が拓く新しい公文書館――公文書等の管理に関する条例の制定と鳥取県の取り組み――」『アーカイブス』四九号　二〇一三年三月　独立行政法人国立公文書館

（2）筆者は二〇〇二年から二〇〇六年にかけ「評価基準策定ガイドライン」（http://www.djichiiyoko.com/4_Record_Center/tebikiseries/djiguidelinesfordevelopingyourcriteria.pdf）を研究考案し、発表した。左頁の図はそのうちの簡略のものである。これは、①一定以上古いモノは残す、②保存期間満了後のものは組織のキーワードの有無により評価選別する、③保存期間未了のものは現用文書として保管するの3側面を明示した。改正前の鳥取県立公文書館の評価選別基準の考え方は、まさにこのフローに沿った考え方に沿ったものであった点、筆者は高く評価している。また、次節の板橋区公文書館の場合も、このフローに則った評価選別の考え方が示された優良事例である。

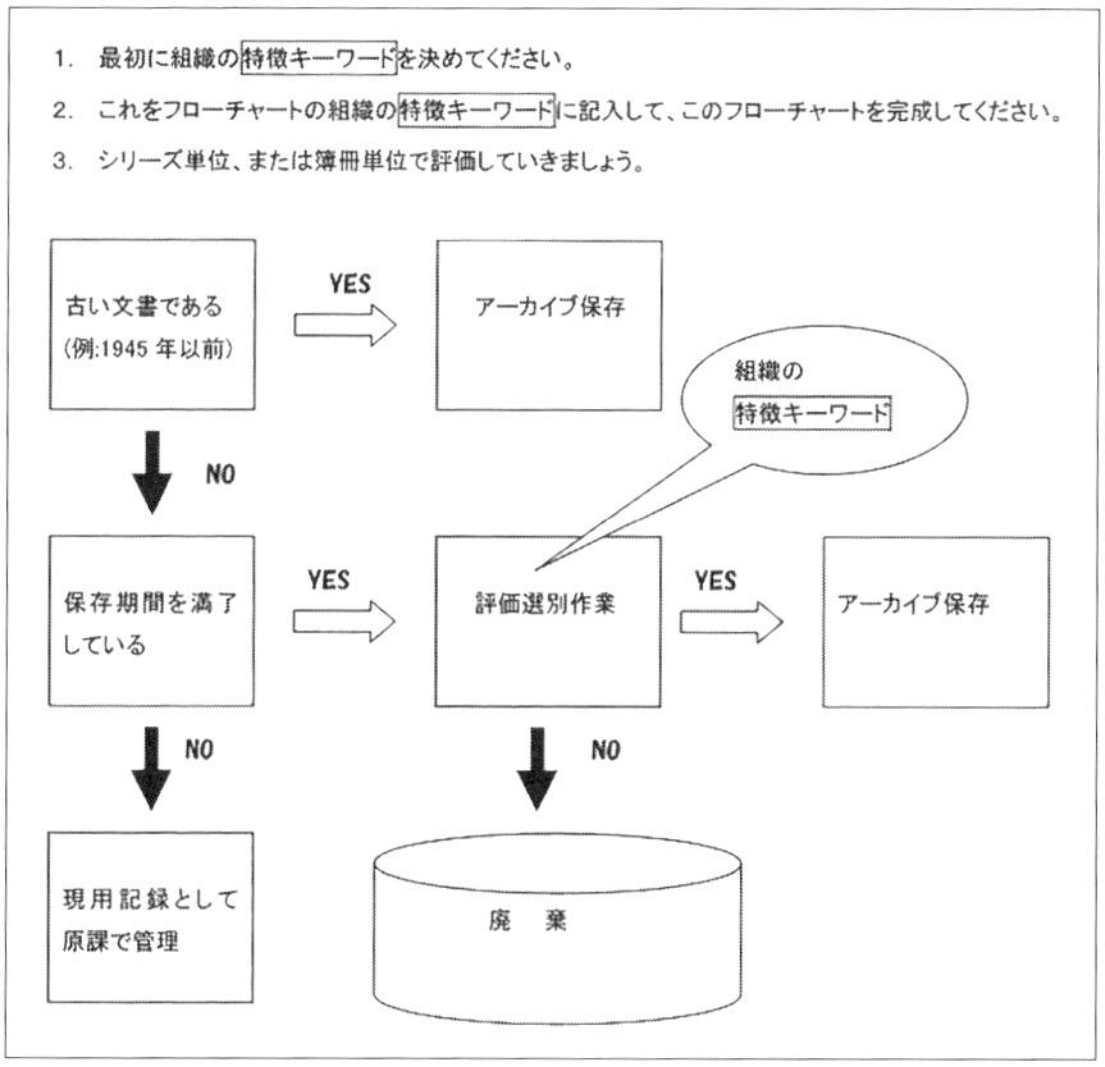

文書の評価フローチャート

3 板橋区公文書館の公文書移管と公開

元《ウォン》 ナミ

板橋区公文書館（板橋区ホームページより）

東京都には特別地方公共団体である二三特別区と普通地方公共団体である市町村を含め、二六市二三特別区、五町、八村がある。都とともにこれらの市区町村にはそれぞれ独自の公文書館を設立することができる。二〇一八年末現在、都内には東京都の都政文書及び各種歴史資料を保存・公開する東京都公文書館（一九六八年開館）と、東京都板橋区公文書館（二〇〇〇年開館。以下、板橋区公文書館）、ふるさと府中歴史館（府中市、二〇一一年開館）、武蔵野ふるさと歴史館（武蔵野市、二〇一四年開館）のみが設立されている。都道府県の公文書館が全国レベルの行政情報や都市計画、国内で開かれた様々なイベントやトピックに関わる記録を公開している反面、市区町村の公文書館は郷土の歴史や住民生活の変化などが反映された行政記録を保存し、一般に公開している。

板橋区公文書館は東京都内の市区町村では初めて設置された公文書館である。また、これまで区民の生活と文化を継承するにあたって歴史的に重要な記録を整理・保存し、住民に公開する活動を行ってきた。ここでは板橋区で公文書が歴史的に貴重であると判断され、住民に公開されていく過程を紹介する。

板橋区公文書館の設立

日本では一九九九年（平成一一）に情報公開法が制定、二〇〇一年に施行されるが、地方公共団体では国に先だって情報公開条例が施行されていた。板橋区では一九八五年に「東京都板橋区公文書公開条例」（以下、公文書公開条例）が制定され、住民によって区が保有する公文書が閲覧請求できる根拠が設けられた。しかしこの条例は、現在施行中の情報公開条例に比べて請求できる文書の種類と量が限られていた。区が過去に行ってきた公共事業、町の変化がわかる様々な資料が住民により閲覧されることが今より容易ではなかったといえる。そのため板橋区では公文書及び区の歴史に関わる記録資料を保存・公開する公文書館の設立が検討されるようになった。その間、一九九〇年に始まった板橋区史編纂事業が終了し、区史編纂の際に収集された各種行政資料や区の歴史が記録された古文書などを保存・利用できる専門施設の設立が要求されるようになった。よって、板橋区は、区が実施した事業、区政と区民の暮らしとの関わりを明らかにし、現在及び未来の区民に対する説明責任を果たすために、公文書公開条例を「東京都板橋区情報公開条例（二〇〇〇年三月一〇日　東京都板橋区条例第一号）」に全面改正し、また「東京都板橋区立公文書館条例（二〇〇〇年三月一〇日　東京都板橋区条例第二号）」を制定した。この二つの条例によって、保存期間が満了になった公文書のうち、歴史的に重要な価値があると判断された公文書等と区史編纂の際に収集された膨大な区史関係資料が住民の暮らしを調べる際の歴史資料として整理・保存され、一般に公開できる公の施設として二〇〇〇年四月に板橋区公文書館が設立されたのである。

板橋区公文書館の利用

ほかの公文書館と同じく、板橋区公文書館が公開している所蔵資料はすべて誰でも閲覧の請求をすることができる。公文書等の資料は発生から三〇年が経過した後にほとんど制限なく公開される。資料の発生年度の末日から原則として三〇年までは閲覧制限があるが、内容によっては閲覧できる。ただし、個人情報やプライバシー保護のために、公開することができない情報が記載されている部分はマスキングなどで閲覧制限できるように定まっており、それでもプライバシー等を侵害するおそれのある情報が記載されている部分は、非公開期間を延長することも可能としている。このような情報がない限り、区民を含め誰もが資料の請求ができ、請求された資料は一定の審査の後に閲覧することができる。

板橋区公文書館は公文書のみならず区史編纂の際に収集した様々な図面・地図・写真等も公開している。区の広報用として作成された町の風景やイベントの様子がわかる写真及び映像資料、地図などは区の過去と現在を比較して見られる貴重な資料である。これらの資料は「こうぶんしょ館電子展示室」及び「公

板橋区公文書館の所蔵資料点数

◆移管整理済み公文書	約 40,500 点
◆刊行物等の行政資料	約 14,600 点
◆いたばし郷土史関係資料	約 53,500 点
◆他自治体史	約 2,100 点
◆写真資料、地図資料等	約 79,300 点

文書館の区役所地下展示」のほか、各種イベントや講習会でも活用されている。その他、板橋区の地域研究及び板橋区史編纂に長くかかわってきた民俗学者の櫻井徳太郎氏から寄贈された学術書・歴史書・雑誌等約三万八千点余りが櫻井徳太郎文庫として併設され、一般公開されている。さらに区が発行した行政刊行物や区の歴史が書かれた小冊子なども多数保有し、調査・研究から学生の自由研究、中高生の社会体験の場としても活用されている。

現在の建物は廃校になった板橋第三小学校の校舎を転用し、耐震等の処置を行ったうえで開設された。一階のいたばし総合ボランティアセンターと三階のいたばしボローニャ子ども絵本館などとの複合施設である。そのため、昼間からは運動場から子供たちの遊び声が聞こえたり、ときには住民の休みの場にもなる公文書館として知られている。ホームページには公文書館の紹介やオンライン展示解説、公文書館の利用法や講演資料も公開されている。これら所蔵資料の種類と点数は二〇一八年四月現在、上の表の通りである（板橋区公文書館パンフレット（H30．4）参照）。

別表第1（第3条関係）（公文書館移管指定基準）

1	区の施策及び制度に関するもの	1	各種制度の新設、変更及び廃止に関するもの
		2	条例、規則、要綱、基準等例規に関するもの
		3	区の施策、企画及び立案に関するもの
		4	区の財政状況に関するもの
		5	区の財産の取得、管理及び処分に関するもの
		6	区が単独で実施した事業や記念行事に関するもの
2	各種調査等に基づく事実に関するもの	1	各種調査、統計及び報告に関するもの
		2	災害関係、都市計画、道路整備等土地及び地形の変容に関するもの
		3	各種褒章及び表彰に関するもの
3	行政運営に係る審議等に関するもの	1	区議会における質疑等に関するもの
		2	庁議、各種委員会及び審議会に関するもの
		3	陳情及び請願に関するもの
		4	事務執行上の監査に関するもの
4	行政処分、訴訟等に関するもの	1	認可、許可、免許、承認、取消等の行政処分に関するもの
		2	不服申立て、訴訟等に関するもの
5	その他歴史的及び文化的価値があると認められるもの		

板橋区公文書館で移管・収集される資料

板橋区公文書館では区政を推進する際に毎年発生する膨大な公文書や行政刊行物の中から歴史資料として重要なものを公文書館に移管し、公開している。特に公文書の場合、上の表のように、条例施行規則の中、公文書館に移管する指定基準が公表されている。これらの基準は区の制度や施策が区民に与える影響、歴史的な価値を考慮し、区の関係部局とも十分に意見を交換したうえで作られたものである。

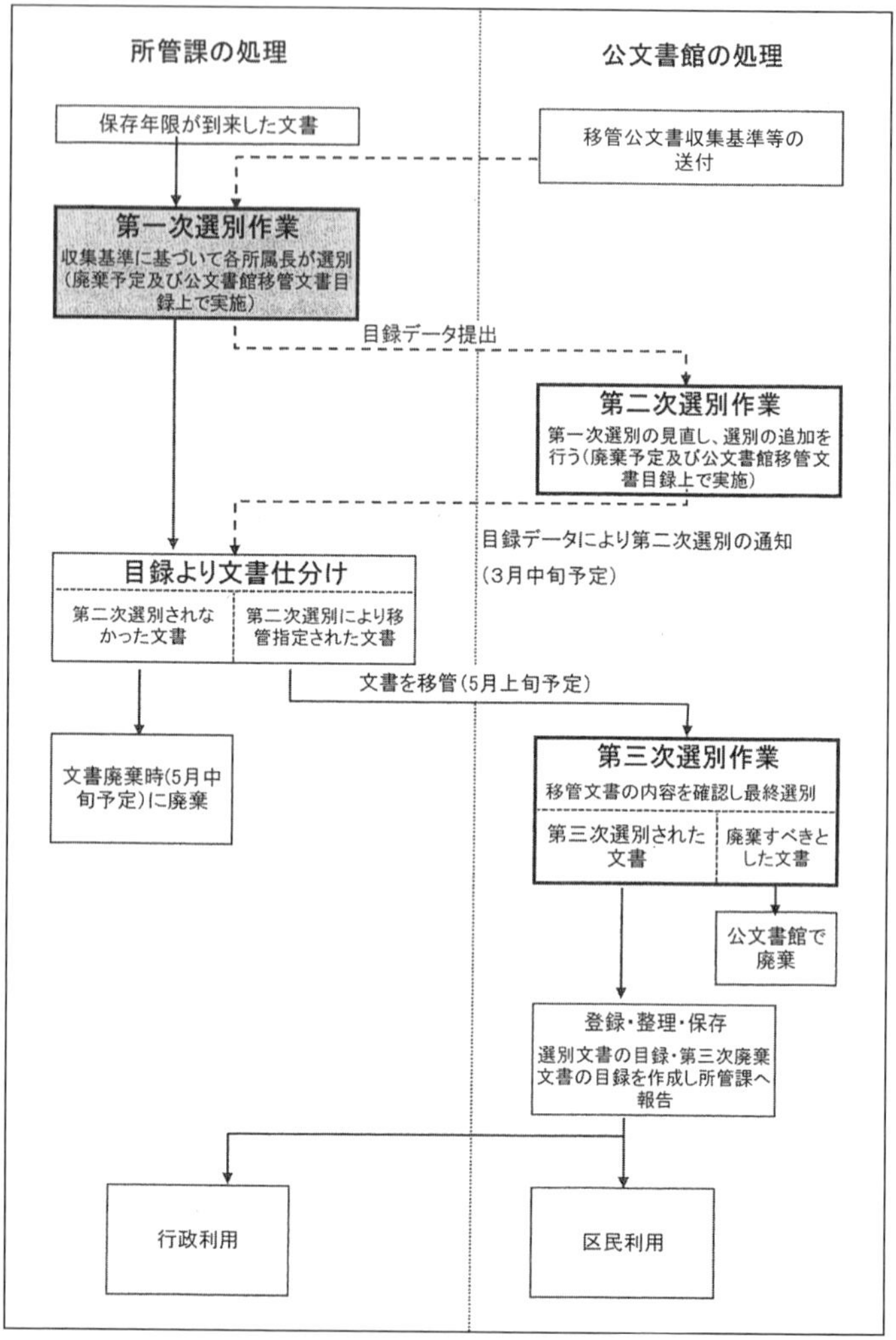

公文書等の選別・保存のフローチャート

ではここで、板橋区で公文書が移管される過程について簡単に紹介しよう。区では毎年保存期間が満了になる文書目録を作成し、区の所管課に、「文書を廃棄するか、公文書館に移管するか」を選び出してもらう。文書管理を担当する総務部総務課と行政情報及び公文書の保存業務を担当する総務部区政情報課により各課あてに文書目録の点検が依頼されると、各課から「廃棄予定及び公文書館移管文書目録」、「廃棄年未定文書目録」及び「文書保存庫移換え文書目録」の点検が行われる。保存期間が満了されたにも関わらず、まだ原課で参考にしたい文書や継続中の事業に関わる文書については保存期間を延長したうえで、まだ原課で活用されることもある。原課で行われる移管文書の選別作業を「一次選別」といい、「二次選別」作業の結果目録が公文書館に送付される。

この「一次選別」の際に公文書館から各課あてに「移管公文書の収集基準」と「過去の移管率」などが提示され、原課の職員が移管文書の選別を行う際のガイドラインとして使われる。次頁の「板橋区の公文書移管基準」表は公文書館がどのような公文書を収集し、どのような文書を残さなくていいかといった一定の基準が示されている。特に「収集不要なもの」の基準は、二〇〇〇年の

板橋区の公文書移管基準

選別、収集に際しての基本的な考え方

1　板橋区の特色ある事象が明確になるものを収集する。
2　長期的、継続的に収集することにより、歴史の流れがわかると判断されるものを収集する。
3　一群のものとして逐次作成された一件ものの文書については、できるだけ一括収集する。
4　同種のものが大量にわたる場合には、その代表例となる一部を選別収集する。

歴史的価値ある公文書の収集基準

1　各種制度の新設、変更、廃止に関するもの
2　各種条例、規則、要綱、基準等例規に関するもの
3　区政の施策、企画を具体的に示すもの
4　災害関係、都市計画、道路開削及び変更など土地の変容に関するもの
5　各種調査、統計類及び報告に関するもの
6　各種委員会、審議会等に関するもの
7　陳情、請願に関するもの
8　各種褒賞、表彰に関するもの
9　監査等に関するもの
10　不服申立て、訴訟等に関するもの
11　認可、許可、免許、承認通知、取消等の行政処分に関するもの
12　区の財政状況及び財産の取得、管理、処分に関するもの
13　区単独の意思で実施した事業や記念行事に関するもの
14　その他歴史的、文化的価値があると認められるもの

収集不要なもの

1　個人を対象とした申請、承認書類（個人情報を含む）
2　定例的な業務（申請、許可書等）
3　物品等の購入に関するもの（収集文書に関連するものは除く）
4　各部署が購入している定期刊行物
5　各部署が刊行する行政資料（区政資料室から移管されるため不要）

開館当時「何を残すか」に悩んでいた原課の職員はもちろん公文書館員にとっても非常に助かる基準であったと評価されている。前節の鳥取県立公文書館の事例に先んずること一二年の先進事例である。

さて、「一次選別」目録は公文書館において一度検討される。公文書館では「一次選別」で選ばれた文書の中身がまだ確認できないため「一次選別」の目録を見直し、公文書館に移管されるのがふさわしいと考えられる文書があれば目録に加える。この作業を「二次選別」という。原課では公文書館による「二次選別」目録を持って移管の記載があるすべての文書を公文書館に引き渡し、それ以外の保存期間満了文書をすべて廃棄する。

引き続き公文書館では「二次選別」の目録に基づき引継がれた文書の現物を一点ごと確認しながら、「移管指定基準」(37頁)と「公文書移管基準」(40頁)に基づき、最終的に保存する文書と廃棄する文書を選び出す。この作業を「三次選別」という。ここでも「公文書移管基準」に掲載されている「収集不要なもの」の基準は、「歴史的価値ある公文書の収集基準」に当てはまらない文書や価値判断が難しい場合の判断基準になる。「三次選別」が終わったら、選別結果が集計され、公文書館で保存しないと決まった文書は廃棄される。最終的に保存すると決まった文書は金具等を取り除き、中性紙のフォルダーとファイルボックスに収納された状態で保存書庫に配架され、毎年一般公開される。

板橋区公文書館は以上のようなプロセスで開館以来、住民の誰もが使える公文書館として知られてきた。もちろん上記の公文書選別基準だけでは保存と廃棄の判断が難しい資料もたくさん存在する。公文書館の職員は選別結果が担当者の価値判断に偏らないように館員同士で協議しながら、評価選別作業の理由を蓄積していく。

このように積み重ねてきた実績の上で、板橋区公文書館は全国でも住民に親しまれている市区町村の公文書館として知られている。

※この節は主に板橋区公文書館ホームページ、板橋区公文書館見学資料、板橋区例規集を参考にした。筆者は板橋区公文書館において、二〇一一年（博物館実習、一二日）、二〇一三年（アーカイブズ機関実習、一〇日）に計二二日間の実習を経験している。

第二章

さまざまな資料をアーカイブする

1　暮らしの中のアーカイブ

大西　愛

はじめに──資料はその日その日に残る

資料というものは意図せずとも自然と溜まってくるものである。紙資料に限っていうと、一日に手にする紙資料はどれぐらいなのだろう。朝の新聞、郵便受けに入る手紙やダイレクトメール、医者に行けば処方箋に領収書、薬の説明書、買い物ではレシート、夕食のためのレシピをインターネットでしらべてプリント。仕事の資料は職場においておくとして、プライベートなものでも通勤定期、切符、道中で配布されるチラシ、趣味のある人は、音楽をする人なら楽譜、音楽会のチケット、コンサートのプログラム、習い事をする人は配布プリントなど。もちろん日記をつけている人もあるだろうし、スケジュール管理のために毎日手帳に書きつけている人もいる。

これが一年になり、家族全員になると大変な量の紙が集まってくる。残しておかなければならないもの、捨ててもかまわないものを選んで、毎週のごみ集めの日にそのつど捨てていかないと、家中がとんでもないことになる。とはいえ、少しの間、廃棄を怠って溜まってしまった資料を整理しようとめくってみると、そうそうこんなことがあったなあと少し昔の、印象に残ったことを思い出して記念にとっておきたい気持ちにかられることもある。年月が経つと必要なものとそうでないものの評価が変わるのも事実である。保存スペースぎりぎりになって、そんな思い出には目をつぶってエイやっと捨ててしまうという方法もある。これらは個人資料であるから公文書と違って残す必要はない。

重要なものとして税金や保険に関する役所の文書も年に何通か必ず受け取り、残される。なくしてはならないのが卒業証書や修了証、苦労して取った、栄養士や調理師、理髪師などの資格証明は、発行は公的機関ではあるが、個人で保存しておいて就職の時などにはかならず必要になる。

個人の身近なところにある学校やお役所関係の文書は公文書である。学校側、役所側では保存の義務がある。情報公開法では、行政機関の保存する情報を公開して政府の諸活動を国民に説明し、また国民に公正で民主的な行政が推進されていることを知らせることが目的とされている。私たちの手元になくて公的機関にある情報は、それを知りたいときは閲覧や写しの交付を申請することができる。自分の家族のことを知りたいとき、公的機関に残されていることもある。自分自身で家族の資料を残すことも重要であるが、公文書も決して私たちとは無関係ではないことを知っておきたい。ここでは家族の資料とすべての人が必ず通う学校のアーカイブについて、そして地域に残る文化財について考えてみよう。

一　家族の資料の保存

第二次世界大戦まで　第二次世界大戦までの日本では個人が作ったり受け取ったりする資料は現在と比べものにならないほど少なかった。意図して廃棄しない限り家に残されていた。また、紙そのものを貴重な資源として反故紙を保存する習慣があった。個人が持っている明治から大正、昭和戦前期までの資料といえば、まずその家の重要な証明書、家族の戸籍の写しや財産関係の証書、役所からの通知書などである。次に家業に関する記録、農業であれば農作業記録や農具のパンフレット、農作物を卸すときには伝票が必要であろう。家計簿や年中行事用の行事食の記録も見たことがある。子供の教科書や帳面、卒業証書、趣味の本、そして手紙やはがき、電気代やガス代の領収書を残しているところもあった。それらの資料は今となっては文明の発展と人々の暮らしの変化を知る上で重要な資料となる。

明治期に西洋文明が入って以来、紙の質、形、そして墨に加えてインク、カーボン紙など記録する素材が多様となったため、保存の方法が江戸時代と比べて難しくなった。インクやこんにゃく版といった光や化学変化に弱い性質のものがあることも保存を難しくしている一因である。

このように近代の資料はいわゆる和紙に墨で書かれた古文書とちがって、価値があるかどうか一見してわかりにくく、さらに保存性が良くないために傷んでしまったものなどは捨てられ、江戸期の資料より早いスピードで消滅してしまう恐れがある。特に一九四〇年代終戦前後の資料は物資不足から紙の質が粗悪で早く損傷し、また終戦直後には意図的に廃棄されたことがあり、残っているものは貴重品というべきである。公文書館などでは、昭和三〇年代（一九五五～一九六五）以前の資料は選別しないですべて保存するようにしているところが多い。

バブル期の資料　いわゆるバブル期を迎えて資料のありようは大きく変わった。紙素材は大量に供給され、印刷や複写が簡単になり、出版物が増大したために家庭に流れ込む量も多い。役所や各種機関から受け取るお知らせはページ数が増えた。また、写真も写真店で撮影することはむしろまれで、自分のカメラで写真を撮ることが多くなり、また焼き増しも簡単で安価になったため分量はどうしても増える。フィルムに簡単なレンズをつけた使い捨てのカメラが流行った時期もあり、旅行などに重宝した。デジタルカメラができてからこの傾向は一段と進んだ。消費する生活が推進されたため、モノの大量生産につれて記録類も増加し、そして捨てるという行為がむしろ推奨された。

音声の記録やビデオも簡単に操作できるようになり、その進歩が速くなった。最近ではＣＤやＤＶＤなど種類も増える一方であり、ほん

使い捨てカメラ

のちょっと前のフロッピーディスクはほぼ消え去り、ＭＤ、ＭＯも再生機の生産がないため保存しても内容がわからない。

最近では個人や家庭でもブログやツイッターといったデジタル記録が増えてきている。しかし、これらの保存は難しい。どうしても残したい場合は今のところ紙プリントにして取っておく方法しかない。むしろ逆に残したくない記録がパソコンやスマホに残ってしまう場合があるので、注意深く削除することが肝要である。

フロッピーディスク

捨てるもの残すもの　就学期の児童・生徒のある家庭では学年末には一年分の学校記録・作品等が持ち帰りになり、捨てるに捨てられないで困ることはどこの家庭でも経験する。社会の最小単位の家族の資料ものちのち参照、利用する価値をもっているのであるが、これまでそれはあまり顧みられなかったので、家庭における書類の保存方法などについては検討されず、家の大きさに合わせて廃棄されるにまかされてきた。守り切れなくなったとき捨てるにしのびない気持ちを持つのは誰しもである。そのとき保存してくれるところはないのかと思う。地域の文書館・資料館は手を差し伸べてくれないだろうか。あとで述べる学校のアーカイブなどもその機関となってもよいと思う。

暮らしの見える資料　阪神淡路大震災のときに倒壊した家々から救済した資料の整理をしたことがある。決して価値のはっきりわかる古文書ではなく近代の資料であるが、その中に人々の暮らしが見えた。ある家からは二〇箱の近代生活資料が持ち込まれた。軍事郵便のハガキはきちんと束ねてあり大事にされていた。また、家族全員の足袋の型紙がそろっていたので、自家製作していたことがわかった。私は母から明治、大正期には普段着はすべて主婦が手作りしていたと聞いたことがあり、そう言う暮らしがごく普通であることが、この資料によって確認できた。ほかに戦前期の農会資料や戦後の農業協同組合・農地改革、農業機械の商品案内など、農業の近代化の様子を示す資料もあり、これらは重要なアーカイブであると私は考える。別の家は明治期に地域の役職にあり、村会綴、役場報告書といった公的記録がまとまって残され、昭和初期の県の都市計画委員会の資料も見つかった[1]。

震災という不幸な自然災害にあって見つかった資料であったが、各家々の暮らしが見える資料であった。しかし個人で保存しきれないものがあれば、公的な機関にゆだねたい、またゆだねられるシステムがあってほしいと思う。世界のほとんどの国には、身近なところにもアーカイブ機関があり、市民のこうした記録も保存し、何年かのちにはだれでも閲覧することができるようになる。

イギリスの地方文書館では「歴史をあらゆる方面から観察することを目的とし、手紙や家計簿、農事記録などを永久的に預かり保管する。私信、クラブや会等の記録、写真集、地図やフィルム等のプライベートな資料。これらの一つ一つはあたかも丁寧にカットされた大きなダイヤモンドの無数の面のようにそれぞれが先人の暮らしぶりを鮮やかに示してくれる」ものであり、文書館は、「過去の出来事の詳細を再発見できる場所」として人々が訪れている。(2)

保存のための工夫　先に述べたように、うっかりすると資料は家の中にまたたく間に増える。最近「断捨離」の思想がはやり、資料の山で身動きが取れないようになってから「全部捨てる」方向へ簡単に走ってしまう傾向がある。「何を捨てて何を残すか」を決めるためには、しっかり自分と向き合うことが必要ではないだろうか。大切なものは何かを自分で決断することである。

もう一つ、技術的に資料の整理をするためには、「保存のための原則」を知っておくとよい。専門家の間で言われている資料保存の「四原則」というのがある。①出所原則　②原秩序尊重の原則　③原形保存の原則　④記録の原則である。家族の資料を整理するには、①の出所、ここでは、その家族が一つの大きな出所である。その中をさらに父のもの母のもの長男のもの、長女のものというような作成者または持ち込んだ人別にまとめる。②の原秩序とは、作成、入手した順番をあまりくずさないでことである。できれば年号や月日をメモしておくのがよい。③の原形保存とはなるべくその形を変えないという原則である。④はアーカイブの専門家にとっては必要であるが、個人資料では考えなくてもよいだろう。この原則を考えながら、そのつど保存すると思いのほか片づく。

保存スペースがある間はよいが、増えてくるとある程度選別することも必要である。たとえば写真は何枚も同じ場所で撮ったときは自分の気に入った一、二枚のプリントを残して残りは捨てる。立体的なものや大きなものは保存しにくいが、取っておきたい場合は、折りたたむ、写真を撮って残す、などの方法でできるだけサイズがそろうように工夫してまとめるのがよい。これを年号と氏名（家族それぞれの）をつけてひとまとめにし、コンパクトにパッケージする。

デジタルで保存した写真は、すぐに膨大な量となり、残したいなら目録を作っておくのがよい。

　何年かたってスペースがなくなったら、見直して自分自身の基準で残したいと思うものを残す。個人の資料であるからそのときの当事者の判断がいちばん重要なのである。毎年ほぼ同じ種類のものが残るなら二、三年ごとに間引く、特別な年は残すというようにする。もちろん写真は写真だけ、賞状や成績表はそればかりを集めておいてもよいが、年月の記入がない資料には必ず直接資料に年を記入しておく。できれば場所、事項なども併記しておくのがよい。すでにいつの何かがわからなくなったものは資料として価値がないと考えて廃棄しなければならない。年ごとの群をばらす場合には、先に述べた保存の原則にそって、それがどの集団の中にあったものかを明示しておくことである。

　このようにして残した資料は一〇年後には家族にとって重要な記録となる。今流行りの自分史を書くときには記憶だけに頼らず、こうした記録物をもとに執筆すれば、オリジナリティーあふれる自分史・家族史が書けるのではなかろうか。そしてそれらの資料は、五〇年後にはその地域、時には日本の重要な記録遺産となるかもしれない。

二　学校のアーカイブ

ここまで述べたものは公文書ではなく私文書であるが、学校には公文書もたくさんある。

小学校・中学校・高等学校は市民には身近な施設である。学校にはどういう資料が残っているのだろうか。

学校に残すべき公文書　学校教育法施行規則（一九四七年）に学校文書の管理の規定がある。重要な文書は、学則、日課表、教科用図書配当表、学校日誌、職員名簿、履歴書、出席簿、担任学級、時間表、指導要録、入学者の選定に関する表簿、成績考査、予算決算帳簿、図書機械器具・標本模型目録等であり、それぞれ保存年限が決められている。なかでも指導要録（この中にいわゆる学籍簿を含む）は重要で二〇年の保存と厳重取り扱いが義務付けられている。持ち出し禁止、教員などが閲覧する場合にも署名が必要としている学校もある。

これらの文書・資料類は規則によって決められた公文書であるため、公文書

学校において備えなければならない表簿（学校教育法施行規則 1947（抜粋））

第28条　学校において備えなければならない表簿は，概ね次のとおりとする。

1、学校に関係のある法令

2、学則、日課表、教科用図書配当表、学校医執務記録簿、学校歯科医執務記録簿、学校薬剤師執務記録簿及び学校日誌

3、職員の名簿、履歴書、出勤簿並びに担任学級、担任の教科または科目及び時間表

4、指導要録、その写し及び抄本並びに出席簿及び健康診断に関する表簿

5、入学者の選抜及び成績考査に関する表簿

6、資産原簿、出納簿及び経費の予算決算についての帳簿並びに図書機械器具、標本、模型等の教具の目録

7、往復文書処理簿

2　前項の表簿は（中略）5年間保存しなければならない。ただし、指導要録及びその写しのうち入学、卒業等の学籍に関する記録については、その保存期間は20年間とする。

学校廃止後の書類の保存（学校教育法施行令 1953（抜粋））

第31条　公立又は私立の学校（中略）が廃止されたときは、市町村又は都道府県の設置する学校については当該学校を設置していた市町村又は都道府県の教育委員会が（中略）、私立の学校については当該学校の所在していた都道府県の知事が、文部科学省例令で定めるところにより、それぞれ当該学校に在学し、またはこれを卒業した者の学習及び健康の状況を記録した書類を保存しなければならない。

館法でいう「公文書その他の記録」に該当する。したがって現用文書としての価値が失われた時点で新たな価値（歴史的文化的またはその他の価値）が生まれ、そこで選別され、必要な資料は保存するために公文書館等に送らなければならない。市町村には必ずしも公文書館は設置されていないが、その場合は県立機関でも保存はできるのである。学校文書をはじめ教育委員会各部局の文書については、そのようなライフサイクルが決められているところはまだ多くないが、いくつかの自治体では知事部局だけでなく教育委員会の資料もまとめて保存するところが出てきている。今後はどの地方公共団体にも保存施設があってほしいと期待する。

昔を知って今を考える　学校には公文書でない資料も毎日発生している。しかも保存するための設備は持っていないため、校長室の戸棚や図書室の空き棚に保管されることが多い。歴代の卒業アルバムなどが校長室の棚に並んでいるのはよく見る。また、特にプライバシーにかかわる資料も多いだけに扱いは慎重である。大阪府では保存期間満了の表簿については焼却するなど、保存していこうとする意識は希薄で、むしろ保存することによって引き起こされるであろう問題を避けたいので廃棄を急ぐこともある。具体的にどれを残し、どう利用されるかなどのイメージをはっきり持たない段階では、その保存・廃棄は個々の学校長の裁量に任されたままである。

学校の資料が注目されるのは、創立一〇〇年記念など学校史を編集の時である。編纂委員となった先生たちは、市役所や県の資料や既刊の「学校教育史」などをひも解くが、なによりその学校のオリジナル資料が残っていると他校とはちがった抜群の年史が出来上がる。学校の中には資料室を設けて明治からの学校日誌や卒業式の答辞、校舎改築の関係書類や図面など多くの資料を公開し、よく利用されているところがある。また、徳島県では県内の各学校で作成している学校史とアルバムを毎年収集し、県立文書館に保存している。すべての県民に関する資料が最低一点は保存されることを目標としている[3]。

このようにして、自分の通う学校の成り立ちや昔の生徒の写真などを現在の先生や生徒たちがいっしょに閲覧して古い学校生活や学習について考えることは重要であると思う。

三　昔の家の資料をどうする？――資料の救済と登録文化財――

都市化した地域では家そのものの改築が多く、その中の資料が失われることが多いが、少し都市を離れると、古い町家や農家、武家屋敷などが残っている。しかしその維持はなかなか困難である。とくに築百年ぐらいの木造家屋は壊れやすく、しかもその建物の中には積み重ねた人々の生活の足跡が記録・資料として残っていることが多い。震災などの災害時が起こるとこの問題は顕著になる。住めなくなったり、住む人がいなくなり空き家となった古民家の所蔵者から建物は壊しても、残った資料、それも和紙に墨で書かれたものとなると、その古文書を読める人は少なくどういうものかがわからず、取り扱いに困るという話をよく聞く。

少し前に友人からそのような相談を受け、西播磨地域のそのあたりを対象として研究している研究者にお願いして調査に入ってもらった（左頁の写真）。建物自体はまだしっかりしているが、広い屋敷の中にはたくさんの古文書が残り、立派な屏風には手紙類が貼られて表装されていた。その研究者によれば、この地域の研究はまだ十分に進められておらず、すべての文書を調査したいとのことであった。加えてその地域の自治体の関係者も協力して、その建物自体も地域の文化財として保存していくこととなり、所有者にも喜んでもらえた。

今は、こういう地域の文化財を「登録有形文化財[4]」とする法的制度があり、

武家屋敷の町並みが残る

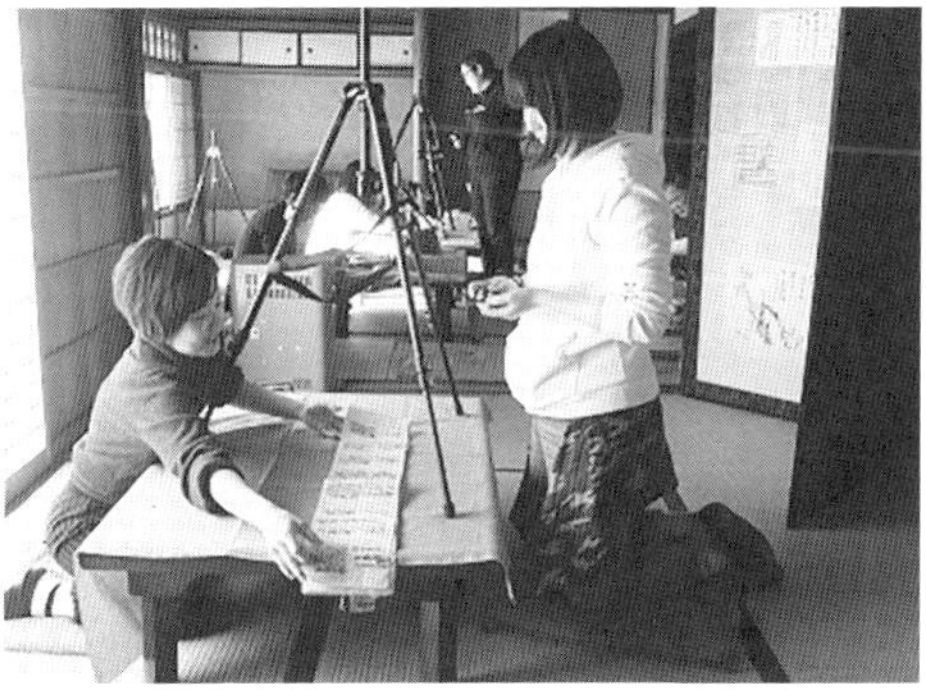

調査風景

屏風（以上、写真はＴ家調査関係者より提供）

登録有形文化財を示すプレート

所有者の申し出によって国や県によって認定してもらうことができ、こうした建物をコアとして地域おこし、町おこしの場として使用していくところもある。このように個人の資料であっても、それが古文書や近代文書であってもその取り扱いに困って相談に行ったとき、地域の関係施設は相談に応じるようにしてもらいたい。文書館や資料館があるところには必ず専門家がいるか、または専門家を知っているはずなので、地域の文化財を残すために住民の権利として相談に行こう。

注

（1）大西愛「記録史料の救出と整理から学ぶもの」『阪神大震災と出版』（日本エディタースクール出版部、一九九五年）

（2）アントニー・ジェンキンス「公文書館への招待」『琉球新報』（一九九二年八月二六日）

（3）大西愛「学校のアーカイブ」他『アーカイブ事典』（大阪大学出版会、二〇〇三年）を参照。

（4）一九九六年の文化財保護法改正により創設された文化財登録制度に基づき、申請されて価値があると認められた有形文化財は文化財登録原簿に登録されることになった。登録対象は当初は建造物に限られていたが、二〇〇四年の文化財保護法改正により建造物以外の有形文化財も登録対象となっている。登録物件は近代（明治以降）に建造・製作されたものが主であるが、江戸時代のものも登録対象になっている。

2　資料のかたちはいろいろ

平井洸史

はじめに

考古学を学んでいる筆者にとっては、「アーカイブ」という言葉は考古資料のデジタル・アーカイブ化などの新しい取り組みのなかで耳にする程度であった。正直なところ、そのころアーカイブというと何かしらの図書館のようなイメージを持っていたにすぎない。そうした漠然としたイメージは、図書館とアーカイブが同じく紙媒体の資料を主に扱い、同じく保管機能を有しているからこそ抱いたものだったのだろう。その意味では、考古学も考古資料（埋蔵文化財）を扱い、保管することが求められるという点で共通していると言える。むしろ、似ている分野と言ってもよいかもしれない。

そこで、ここではそのような共通点をもつ考古資料をとりあげ、その取り扱いや、それを取り巻く問題についてアーカイブズおよび文書管理と比較しながら考えてみたいと思う。

一　資料のかたちと保管の道具

アーカイブにおいて取り扱う対象は主に紙であることが多い。写真などもアーカイブ資料としてよくみられるが、大きく見れば紙媒体として括られる。それにたいして、考古学の扱う資料は、発掘調査によるものであるため、非常に多様であり、特定の素材に限定されない。確かに、全体としては土器や瓦などの土製品が多いかもしれないが、石器をはじめとする石製品や、鉄器や青銅器などといった金属器も考古資料として多く見られる類である。そのほか、木や骨、そして漆（どれも製品を含む）なども残存する限り考古資料として扱われる。

資料のかたち、材質が異なれば、それを管理するための道具も異なってくる。例えば、アーカイブにおいては、文書類をまとめるファイルやフォルダー、バインダー、そしてそれらを収納するアーカイブボックスなどが管理するための道具として挙げられよう。

保存用のコンテナ箱

一方の考古資料は形態的に多様である。同じ土器であったとしても、破片の場合と残存状況が良くかなり立体的な場合とがある。そのため、資料を収納するための道具もアーカイブで見られる道具に比べると多様な形態をしている。考古資料の収納道具として最もよく見られるのが、コンテナ箱である。もちろん、サイズが中間的で使いやすいコンテナ箱が多いのは当然のことだが、立体的で高さのある資料には深さのある箱を、その逆の場合は浅いコンテナ箱を使用する。さらに小さい資料の管理にはお惣菜を入れるようなタッパーを用いることもある。また、考古資料のなかには今にも割れてしまいそうな衝撃に弱いものも少なくない。そのため綿を薄葉紙で包んだクッション材や台座など、資料が揺れにより摩耗したり破損したりするのを防ぐために用いる道具も必要とされる。

このように、多様な考古資料に対してさまざまな形態の収納用具を用いるがゆえ、形態的統一性の高いアーカイブ資料に比べ、収納の合理性は高くない。こうした点も資料のかたちに起因する違いである。

二　資料のライフサイクルにみる違い

次に、アーカイブと考古学の扱い、つまり保管に至るまでの課程にはどのような違いが見られるであろうか。

文書のライフサイクルには「現用」、「半現用」、「非現用」のおおきく三段階がある。現用とは文書の作成から収受／起案、供覧、決裁、施行を経て完結に至る過程のことであり、半現用文書は、長期保存の途中で、作成原課から書庫におきかえ保管されている文書である。非現用文書は保管年限満了後において永久保存価値が認められて文書館に引き継がれ、保存されているものをさす。この現用から非現用に至る過程のなかで「評価」と「選別」が幾度も行われ、「廃棄」される資料も存在する。

考古資料　次に考古学資料についてみてみよう。ただ、その前に注意したいのは、同じ考古資料であっても土器と腐りやすい植物遺存体とではその後の処置が異なるように、遺物の性質により出土後たどる過程が異なる。ここでは考

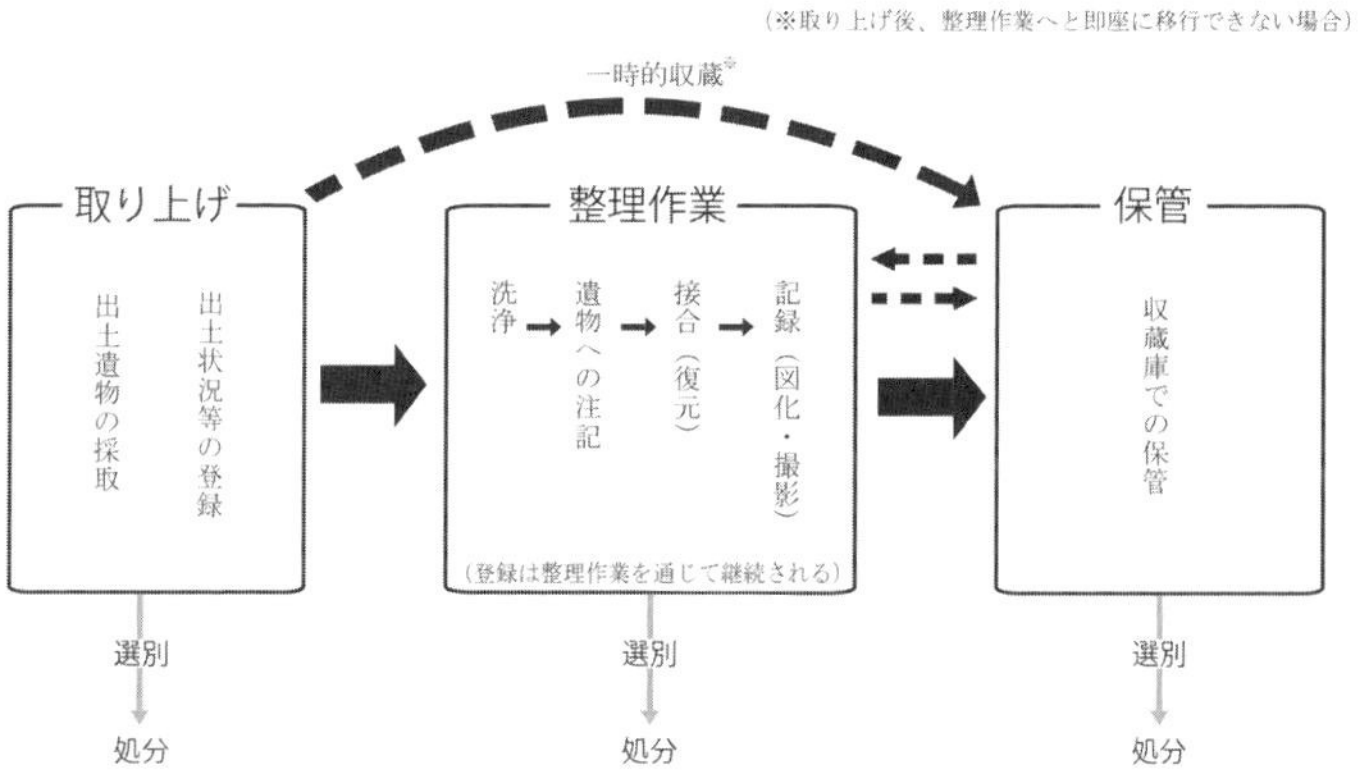

考古資料（出土遺物）の保管までの流れ（平井洸史作成）

古資料の代表格である土器を念頭に置きつつ、出土考古資料の辿る過程を簡単にまとめたい。

考古資料が発掘現場から収蔵庫に保管されるまでには、おおきく三つの段階が踏まれる。資料の「取り上げ」、「整理作業」、「保管」である。

「取り上げ」はその名のとおり、考古資料が遺跡（遺構）から取り上げられる段階のことである。出土遺物自体にはそれが、いつ、どこで、どのような状況で出土したかが書かれているわけではないため、遺物を取り上げる際にはそれら情報を記載した袋に収納する、あるいは遺物カードを付けてそこに情報を記載しておく必要がある。その後、遺物と出土状況などの付帯情報はエクセル表や台帳を使って「登録」され、その際に遺物番号が付されることとなる。

「整理作業」段階は洗浄、注記、接合（復元）、記録の作業からなる。出土品は土で汚れていることが多いため、遺物への問題がなければ水で洗浄しなくてはならない。洗浄後乾燥された遺物には先に割り当てられた遺物番号が考古資料に直接書かれる。この作業は「注記」と呼ばれている。いわば、出土状況などを記した登録内容への「リンク」を直接遺物に貼りつけるような作業である。

考古資料は長時間を経て、土に埋没した状態で出土することが多いという性質上、完全な形で出土することはほとんどなく、ほとんど破損した状態で検出される。そのため、破片化した遺物は、可能な限りの復元が試みられる。具体的には、出土した破片のなかに接合するものがないか探し、接合する場合は可逆性のある接着剤で「接合」する。場合によっては、欠失した部分を石膏あるいはクレイテックスで補い部分的に「復元」を行う場合もある（復元については展示向けの側面も大きい）。その後、実測図作成・写真撮影などによる「記録」作業がなされ、最終的に遺物は収蔵庫にて「保管」されることとなる。

以上、簡単に資料のたどる過程をまとめてみたが文書資料と考古資料の過程にみる共通性は、まず一つに、選別を経て廃棄されるものがありつつも、最終的に資料が半永久的に保管されるということである。それゆえ、後述するように、永続的な資料管理における共通の問題も存在する。

また、「選別」の作業も共通してみられるものである。公文書についてみると評価選別は、非現用化に際して行われ、アーカイブ資料として永久的な保存価値が認められないものは廃棄されることとなる。考古学においても選別の作業は程度の差はあれ存在し、それにもとづいて処分される資料も存在する。

しかし、文書資料と異なる点は、考古学における資料の選択は、作業のどの段階においても可能な点である。文化庁の「出土品の取り扱いについて（報告）」によれば、発掘調査の段階でも、考古資料を現場から持ち帰ったあとの整理作業の段階でも、それ以降の段階においても保管品の選択は可能とされる（文化庁 一九九五）。つまり、整理作業終了後、収蔵庫に保管されたあとでも「評価」・「選択」を行うことが可能ということである。この違いは、資料が何度も選択を経て文書館に至るというシステムが確立している文書管理とは異なり、考古資料の場合、選択の作業を経てない資料も多量に収蔵庫に眠っているという状況（文化庁 一九九七）にも関係していると考えられる。

また、考古資料の整理段階にみられる接合や復元という作業は、文書管理において常に必要とされるような作業ではない。資料的価値（学術的価値）を高めることや展示などの活用にむけて、それがつくられた当時のかたちへ戻すことがよく求められる考古資料の性質に起因する違いである。

三　資料管理の原則からみた考古資料の管理（管理方法にみる共通性と差異）

資料管理の三つの原則　資料の生成から保管に至るまでのライフサイクルには以上のような共通点や差異が見られるわけであるが、資料の経る過程の比較だけでなく、より具体的に資料の取り扱いをみたときにどのような差異が見られるであろうか。文書管理において必要とされる「出所原則」「原秩序尊重の原則」「原形保存の原則」を比較の視点として、考古資料の取り扱いに見られる特質を明確にしてみたい。ただ、筆者は実際の文書管理現場に詳しいわけではないため、あくまで文書管理の原則と考古資料の取り扱いとの比較となってしまうことをあらかじめ断っておきたい。

さて、文書における「出所原則」とは、一つの出所をもつ文書群は他の出所をもつ文書群と混合して整理されてはならないという原則である。考古学においても遺跡や発掘調査プロジェクトごとに資料群が発生するわけであるが、それらを混ぜることなく分けて整理するという意識は当然のことながら存在する。言い換えれば、「一遺跡発生資料の一括管理」あるいは「一プロジェクト発生資料の一括管理」の概念ともいえよう。実際のところ、文化庁もこうした管理方法についての指導を地方自治体に対して行ってきたようである（文化庁 一九九七）。

考古資料自体にはどこで出土したかなどが書かれていないため、別の遺跡からの出土品と混ざってしまうと出所の判別がつかなくなる可能性も高まってしまう。そうした資料的価値が下がってしまう状況を避ける意識は埋蔵文化財に携わる職員にも高い水準で認められるであろう。アーカイブ資料（文書）と考古資料の取り扱いにおける共通性として認めることが可能である。

ただし、考古資料は展示や学術的調査のために一括資料群から一部が抜き出されることも多い。そうした一括資料群からの取り出しに効率的に対応するため、頻度の高いものを別置している資料館や埋蔵文化財収蔵庫も少なくないことも事実である。これらは、出所原則には必ずしも則っていない保管状態といえるかもしれない。また、考古資料の性質によっては特別な保管環境を必要とし、結果として一括保管から外れてしまうこともある。例えば、漆製品のための特別な保管環境を多数用意するよりも、一つ用意された環境にモノを集めたほうが合理的であるという考えに基づいた措置などである。こうした状況は、原則を順守することの重要性を認識しつつも、効率性がより優先された状況といえる。どちらをより優先すべきかは置いておくにしても、こうした「効率化」の背景に、考古資料に対して「公開・利用」がより求められることや、資料の性質が多様であることなど、文書管理とは大きく異なる資料的環境が関係していることは間違いない。

文書管理における二つ目の原則である、「原秩序尊重の原則」について、「出所を同じくする文書群の中で、それを生んだ機関・団体の活動の体系を反映している原秩序を尊重して残さなくてはならない」という原則であるとし、具体的には、「袋や薄冊の形に一括された一件文書、主題別にファイルされた書類、一年ごと紐でくくってある帳簿類」などを例として挙げる。これを考古資料に当てはめて考えると、ひとたび整理作業を経て収納・保管されている状況の変更を避けるということであろう。具体的には、資料群が分割されてコンテナ箱に収納されている状況、コンテナ箱を置く／重ねる順番の変更などを指すことになると思われる。「出所原則」と同様、そうした状況の変更が資料検索上の不合理を招くことから、変更を忌避する風潮は当然のことながら考古資料の管理においても存在する。ただし、先ほど述べたとおり「公開・利用」のため効率性・合理性が優先されるような状況が見られることも確かである。

三つ目となる「原形保存の原則」とは、文書管理の現場において資料の原形、文書の折り方、綴じ方、包み方など、記録史料の物理的原形をむやみに変更してはならない、という原則である。考古資料に当てはめれば、発掘して取り上げられた時の資料形態の変更は避けるということである。この原則についてはアーカイブ資料と考古資料の間に大きな差異を見出すことができる。その違いとは、考古資料では「復元」がなされる点である。発掘現場において出土した状態、土器であれば、それはつまり破片化したものが、資料発生時における資料原形となるわけだが、考古学においてはその状態を必ずしも保つわけではなく、接合するものがあれば接合し、時には足りない部分を石膏などで補う。つまり、資料を整理する段階において資料原形に変更を加える点に文書資料との違いを見出すことができる。可逆性のある接着材を用いるように、元の状態に戻せることを原則としていることはその根底に「原形保存の原則」があるともみなせるが、クレイテックスのように容易に除去できない充填剤を用いることもある。そもそも接合・復元とは、より多くの学術的情報を得るための処置であると同時に公開・利用に向けた側面もある。ここでも、これまで見てきたように資料管理における原則の尊守と学術利用・公開のための合理性が両立しないものとして対立する状況がみられる。

また、接合によって「原形保存の原則」がないがしろにされることにより「原秩序尊重の原則」にもまた乱れが生じてしまうことに目を向けておく必要がある。というのは、考古資料はその生成時から登録がなされ、場合によっては個体一つ一つに番号が付され注記がなされるわけであるが、そうした土器破片などは別の登録番号が付された破片と接合（復元）されることにより別の個体として生まれ変わってしまう。それぞれ別のコンテナ箱に帰属していた資料であっても接合されることにより、保管場所を変更せざるを得ないという事態が生じてしまうのである。考古資料において、接合（復元）することでより多くの考古学的情報を得ることは間違いなく必要な作業であるし、その後の保管位置の変更についても確実に混乱が起きない方法で行われる限り問題はない。しかし、混乱の起きない確実な方法が確立していない状況で、原則が守られず、その結果資料の情報が失われてしまう危険性は常に認識されなくてはならないだろう。

以上のように、考古資料の管理においても、文書管理の三原則と同様の姿勢をうかがうことができる一方で、素材や形態などといった考古資料の性質や、より公開・利用が頻繁に求められるといった考古資料を取り巻く環境を背景として、「効率化」「合理化」を優先した結果、原則からはやや離れた管理のあり方を見ることもできるようである。

二次資料の存在　ここまで考古資料としてより一般的に理解される出土遺物についてのみ触れてきたが、埋蔵文化財の調査過程で生じる資料は土器や石器などの考古資料だけではなく、調査過程で作成される図面や、レベル値などを記したメモ、資料実測図、記録写真などの二次的な資料も存在する。もちろん、紙媒体を主とするこれら資料の管理は文書管理とも共通点が多く、またカラーポジフィルムの劣化など共通の問題もみられる（日本学術会議史学委員 二〇一七）。

ただし、これら二次資料が考古資料とは形態、材質において異なることはもちろんのこと、二次資料自体もサイズの多様な紙媒体であったり、データであったりする。そうした違いによって管理方法や場所を異にせざるを得ず、出所原則が貫徹されない状況は実際の現場において存在する。

特に近年増加しつつあるデータ資料などは、物理的実体がないため他の資料とは別に管理され、忘れ去られやすくかつ失われやすい。また、写真データや調査段階で生じた重要なメモなどが個人に帰属する状態で、組織の記録として残されない場合もありうるだろう。その場合、資料を保有する個人が去ってしまうと、組織としては資料が失われてしまうこととなる。スイスとフランスの国境付近にあるセルンという科学研究機関においても、研究過程で生じるメモなどの資料の帰属が問題となっていると述べたが（本書194頁）、同様の資料管理上の問題は日本の考古資料を管理する組織にも当てはまるといえよう。

四　資料の違いを超えた共通の問題

ここまでにみた問題は、多様な形態・性質を有す考古資料ならではの問題であった。一方で、おなじく資料を管理する組織として、文書資料と埋蔵文化財行政には共通してみられる問題もある。

人員不足の問題　そのうちの一つは、人員の問題である。かつて筆者の訪れた数少ないいくつかの文書館では、アーカイブボックスに文書類が収納され美しく整理されている部分と、まだ整理が進んでいない部分の両者が並存している状況をみた。筆者には、この様子が考古資料でいうところの、未整理の資料のコンテナ箱が多量に積み重なっている状況と類似していると思え、人員不足が要因の一つになっているように感じずにはいられなかったのである。

ややデータは古くなるが、文化庁の報告によると、一九九五年三月において、全国の地方公共団体の埋蔵文化財行政によって管理されていた出土品の総量は約四五九万箱に達しており、一九八八年から一九九四年まで約三〇万箱ずつ増加していたことを考えると、現在はこれ以上の数量となっていることが予想される。注目すべきは、一九九五年時点で保管されている出土資料のうち約四〇パーセントが未整理の状態ということである（文化庁 一九九五）。大学も含め、考古資料の管理においては、未整理状態の資料が積み重なっているという状況が、かなり普遍的に見られる。未整理の資料に着手できない状況、つまり人員が不足している状況（もとをたどれば人を雇う資金が不足している状態）が、考古資料管理において多くの場所で見られるのである。

文書資料に関する会話においても、「一人アーカイブ」ということばをよく耳にする。間接的に人員の不足を表現する言葉と理解しているが、「一人埋文」（一人でなくとも人員は不足しているが）という言葉も、考古資料管理における人員不足をよく表現しているように感じられる。

保管場所不足の問題　保管場所の不足も、文書資料と考古資料の管理に共通してみられる大きな問題である。筆者の参加した国連難民高等弁務官事務所（UNHCR）アーカイブ課の資料整理では、整理していくなかで空きスペースを増やすことが一つの目的ともなっていた。アーカイブにおいて保管スペースの不足が慢性的な問題となっていることを感じた。その時、考古資料が収蔵庫を隙間なく埋め尽くしている様子を重ねてみていたことも強く覚えている。

先ほど参照した文化庁の報告によれば、約四五九万箱のうち恒常的保管施設に保管されているのは約二一三万箱（約四七％）、暫定的施設に保管されているの

出土品急増 収蔵パンク寸前

埋蔵文化財 耐震性など課題

京都市内で近年急増している埋蔵文化財の発掘調査に伴い、出土品の収蔵庫が容量超えになる懸念が高まっている。保管する遺物を絞り、施設内の廊下を置き場にして急場をしのいでいるが、収容可能なスペースの使用率は9割を超える。温度・湿度の管理など機能性や、耐震性に課題を抱える現状もある。

市内の発掘調査では、平安京をはじめとした古代や中近世、近代の地層が積み重なり、各年代の土器や瓦、木簡、金具、礎石などが出土する。仮にこれらが他地域に持ち運ばれ、「発見」されたことになれば、歴史を改ざんしてしまう。このため文化財保護法では自治体に収蔵が義務付けられており、廃棄や譲渡売却は簡単ではない。

市などによると、市内に8施設ある収蔵庫では計21万5千箱を収容できるとみているが、2018年末で既に約20万箱に達している。

埋蔵文化財を保管している伏見水垂収蔵庫。収容スペースがひっ迫し、廊下などにも出土品があふれている（京都市伏見区）

京都市内 開発ラッシュ 調査年50件

ホテルやマンションの開発を背景に、発掘調査の件数は15～17年度に年間50件前後にのぼり、出土品もハイペースで増えている。近年は保管対象を将来の指定文化財候補と、準ずるものに絞っているが、それでも年3千箱前後増える見通しで、25年までに全施設で容量を超える見込みだ。

加えて、いずれの施設も出土品の劣化を防ぐ恒温・恒湿を保つ設備はなく、政令市の中では劣悪な保存環境にある。耐震性能を備えているのも伏見区の伏見水垂収蔵庫1カ所だけにとどまっている。

こうした状況に対し、元市埋蔵文化財研究所職員で京都産業大の鈴木久男客員教授は「発掘調査では、研究や発信に役立てる写真や図面も膨大に作ってきたが、こうした考古記録の保管や継承も課題だ」と指摘。「出土品を含めた文化財の活用は保存との両輪で取り組むべきもので、収蔵庫は保存において重要な役割を果たしている。容量や機能が全国的な課題になりつつある今、国や自治体、調査団体が協議し、対応を考える時期に来ている」と警鐘を鳴らす。（日山正紀）

京都新聞 18・12・24

文化財発掘出土情報　京都新聞 2018年12月24日

は約二四六万箱（約五三％）とされ、両者通じてみた場合、棚に収蔵されているものは約一九二万箱（四二％）、床に積み上げられているものが約二四三万箱（五三％）、戸外に野積みのものが約一五万箱（三％）となっている（文化庁 一九九五）。暫定的施設での保管が半数を超えていることはさることながら、屋外に野積みとなっているものが約一五万箱も存在することは、一九九五年度においてすでに許容量を超えてしまっているとみることができよう。そうした現状を反映してか、昨今文化財センター等における保管場所不足が新聞などに取り上げられることも多い。

考古学に携わる筆者の個人的な経験においても、埋蔵文化財関連の施設のうち収納スペースに余裕のある施設は少ないといった印象を抱いてきた。少数の余裕ある施設についても新設の収蔵庫や、校舎などの再利用できる空間を得ることで、ようやく問題解決がなされてきたといった印象を受ける。例えば、筆者が二〇一八年秋に訪れた福井県のある博物館ではすでに資料の収蔵量は許容量に達している様子であり、新館の付設により問題の解決が図られるという状況であった。また、同年秋に訪れた石川県内の埋蔵文化財センターでは、使われなくなった児童館を再利用していた。近年、廃校を利用した資料収蔵が増えているようだが、それに類似する解決法である。ただし、こうした方法がすべての自治体で可能であるとは限らない。

さらに問題を深刻にしているのは、アーカイブ、考古資料ともに資料が増え続けるという事実である。確かに考古資料に関しては、取り上げから保管のどの段階においても「選別」を行って資料を減らすことが制度上は可能であるが、そもそも資料を処分すること自体、資料が失われてしまうことの重大性を考えると骨の折れる作業である上、選別以前に未整理の資料が多いという状況ではなかなか着手しづらいという現状がある。処分によるスペース確保という方法自体は有効であるかに思われるが、結果としては、人員の不足とも関わり、状況の劇的な改善にはつながりにくいようである。

また、保管場所が不足することで連鎖的に資料管理上の問題が大きくなる可能性もある。文化庁の報告では、保管スペースを効率的に利用していくために「必ずしも一遺跡出土品一括保管の考え方にとらわれずに保管・管理することも可能とすることが適当である。」とし、保管・管理に際して以下の三区分を提示し、それぞれの管理方法についても提言を行っている。

①種類・形状・形態、文化財としての重要性の要素を総合的に勘案し、展示・公開等による活用の機会が多いと考えられるもの。

②文化財としての重要性、活用の頻度等において①の区分に次ぐもの。

③文化財としての重要性、活用の可能性・頻度が比較的低いもの。

①については、「一般の収蔵庫とは別の施設で保管・管理することも考えられる」として、利用頻度の高い資料に対する特別な管理方法を提示し、②の出土品については、「保存及び検索・取り出しの便と収蔵スペースの節約を考慮しつつ収蔵箱に入れ収蔵棚に整理する等、適正な方法で保管・管理する」と従来的で一般的な保管方法を述べている。文化財としての重要度が最も低いとされる③については、「必要があれば取り出し可能な状態で、保管スペースを可能な限

り効率的に利用できる方法で収納する」とし、平たく言い換えれば、多少の取り出しにくさは承知のうえで出来る限り詰めて収納するというような方法を提示している。

確かに、③に該当する資料を上述のように整理すれば、新たなスペースを生むことができるが、「一遺跡出土品一括保管」にとらわれず分けて管理することなどや、資料のランク付けに基づき分置して管理することが「出所原則」、「原秩序尊重の原則」から大きく離れ、「効率化」に偏るものであることには注意しなくてはならない。もちろん、効率化に問題があるわけではなく、むしろ考古資料の現状を踏まえれば必要な処置であることは明らかだが、資料管理上の原則から離れた管理方法を採る場合、より資料のもつ情報が失われやすくなっていることに注意を払った上で、効率化・合理化との妥協点を探ることが必要とされよう。その際、どこに何が保管されているかなどの情報を精密かつ厳密に管理するシステムを整えることが一つの妥協策となるし、それを可能とする体制づくりが職員の不足の解消とともに進められていくべきであろう。

現在、考古資料管理が持続可能な状況とはいえないという認識を、おそらく多くの埋蔵文化財に関わる人々が共有しているように思われる。その持続可能性を妨げる一番の要因は誰もが認識するように、保管場所の不足である。ただ、その解決を図るために資料管理の原則から大きく離れ、資料管理が複雑化・混沌化してしまうことは、その破綻を招きかねない危険性をはらんでいる。そうした危険性の認識の向上や解決方法の模索において、考古資料管理の分野がアーカイブズや資料管理学に学ぶところは大いにあるように思う。

おわりに

資料管理の分野にはアーカイブという紙媒体を主とする資料を扱う分野がある一方で、考古資料という多種多様な資料を扱う分野も存在することを部分的であれ、紹介することができた。また、保管に至るまでに文書とは異なる過程を考古資料が辿ることや、管理における取組の違いを「文書管理における原則」を物差しとしながら指摘できた。考古資料にはその性質や社会的ニーズにより、独特の問題が存在するが、その一方でアーカイブ資料とも共通する問題が存在する。筆者は海外でのボランティアによる資料整理の経験のなかで、資料管理の三原則に忠実でありつつアーカイブ資料の総量を減らしていく様を目の当たりにした。共通の課題に対しては互いの解決策に何かしらのヒントを得ることができるかもしれない。

また、考古資料の管理がより「効率化」へと向かっていることは、考古資料を取り巻く状況を踏まえると当然必要なことと思われるが、結果として資料管理上の問題を孕むことも確かである。考古学に関わる人間として今後もより良い解決策について検討を重ねたいと思う。

参考文献

（1）文書のライフサイクルと保存の原則については、『アーカイブ事典』（大阪大学出版会、二〇〇三年）による。

（2）「出土品の取扱いについて（報告）」（文化庁、一九九七）（最終閲覧日二〇一九年三月一五日）
http://www.bunka.go.jp/seisaku/bunkazai/hokoku/shutsudo/index.html

（3）日本学術会議史学委員会文化財の保護と活用に関する分科会　二〇一七「提言　持続可能な文化財保護のために――特に埋蔵文化財における喫緊の課題――」（最終閲覧日二〇一九年三月一五日）
http://www.scj.go.jp/ja/info/kohyo/pdf/kohyo-23-t248-4.pdf

コラム

私のファミリーヒストリー
――個人で先祖さがしをやってみた

武田浩子

◆はじめに

日本では自分のルーツを探す人は多くはない。由緒ある家や有名人が出た家であれば、そのようなことをテレビで取り上げたりすることがあるが、一般的ではない。しかし、子どもの頃、祖父や祖母の話を聞くとき、そこに自分がつながっていることを知ると興味をいだく場合もある。海外では文書館がどの地方にもあり、自分のルーツを探すことを趣味として館に通う人もいると聞いている。

私は、母方の祖父の長兄（名前を小川畚（つぶさ）という。以下おじいさんと呼ぶことにする）が百年前に父親の借金返済のため出稼ぎでハワイそしてシアトルへ渡り、シアトルではホテルを経営していたという話を母や叔父達から聞いていた。興味はあったが、行ってみるまでは考えていなかったが、老齢となった母が「シアトルへ行ってホテルを見てみたい」と言ったので、親孝行のつもりで一念発起してシアトルへ行くことを計画した。

以下の内容は、個人の過去の足跡をどのようにしてたどることができるのか、やってみた記録である。

祖父のアルバムにあるツーリスト ホテルの写真

✦インターネットで調べる

まず祖父のアルバムを調べ、「つぶさ兄の経営に懸るTourist Hotel」というキャプションの写真を見つけた。ホテルの名前は「ツーリスト ホテル」であることがわかった。インターネットで「Tourist Hotel 」や「Tourist Hotel SEATTL」などのワードで検索したがヒットしなかった。先祖探しをしている人もいて、それらのブログをサーフィンして『Discover Nikkei』という本に行きついた。この本を閲覧して、ワシントン大学図書館がアーカイブ写真を公開していて昔のシアトルの街の様子を知ることができると知った。そこでワシントン大学図書館にメールを送り、情報を求めた。期待はしていなかったが、一週間ほどで回答が来たことに驚いた。

「残念ながらホテルは一九六〇年に取り壊されましたが、(中略) あなたは訪れることができます。」(次頁) と住所が記されていた。また祖父のアルバムにあったホテルと同じ写真が添付されていた。その後何回かのやり取りも丁寧に回答をもらい、がぜん調査に力が入った。

Unfortunately, the hotel was torn down in 1960, but you can still visit where it was. It was located at the Northeastern corner of Occidental Avenue South and South Main Street. It is the corner of Occidental Square with the Memorial to Fallen Firefighters near it.
The address is
298 Occidental Ave S, Seattle, WA 98104

「残念ながらホテルは 1960 年に取り壊されましたが、オクシデンタルアヴェニューとサウスメインストリートとの北東にあり、（中略）あなたは訪れることができます。住所は” 298 Occidental Ave S, Seattle, WA 98104” です」

ワシントン大学図書館からのメール（上）と添付されていたホテル 1905 年の写真

◆日本での調査

次に、アメリカへの渡航記録などを探すために、やはりインターネットで、横浜にある「海外移住資料館」を見つけた。そこでは乗船記録などに関する記録があるそうなので、電話で問い合わせたが、残念ながらおじいさんの記録は見つからなかった。

外務省の古い渡航記録をインターネット検索したが、私には読み解くのが難しく限界を感じた。電話での問合わせには「自分で外交史料館にある記録保管の場所へ来て探すよう」に言われた。

また、おじいさんの地元島根県の旅券事務所では検索を断られ、島根県大田市の図書館で百年前の海外渡航（移民など）の記録があるか電話で尋ねたが、「そういうものは無い」との回答で、役所での検

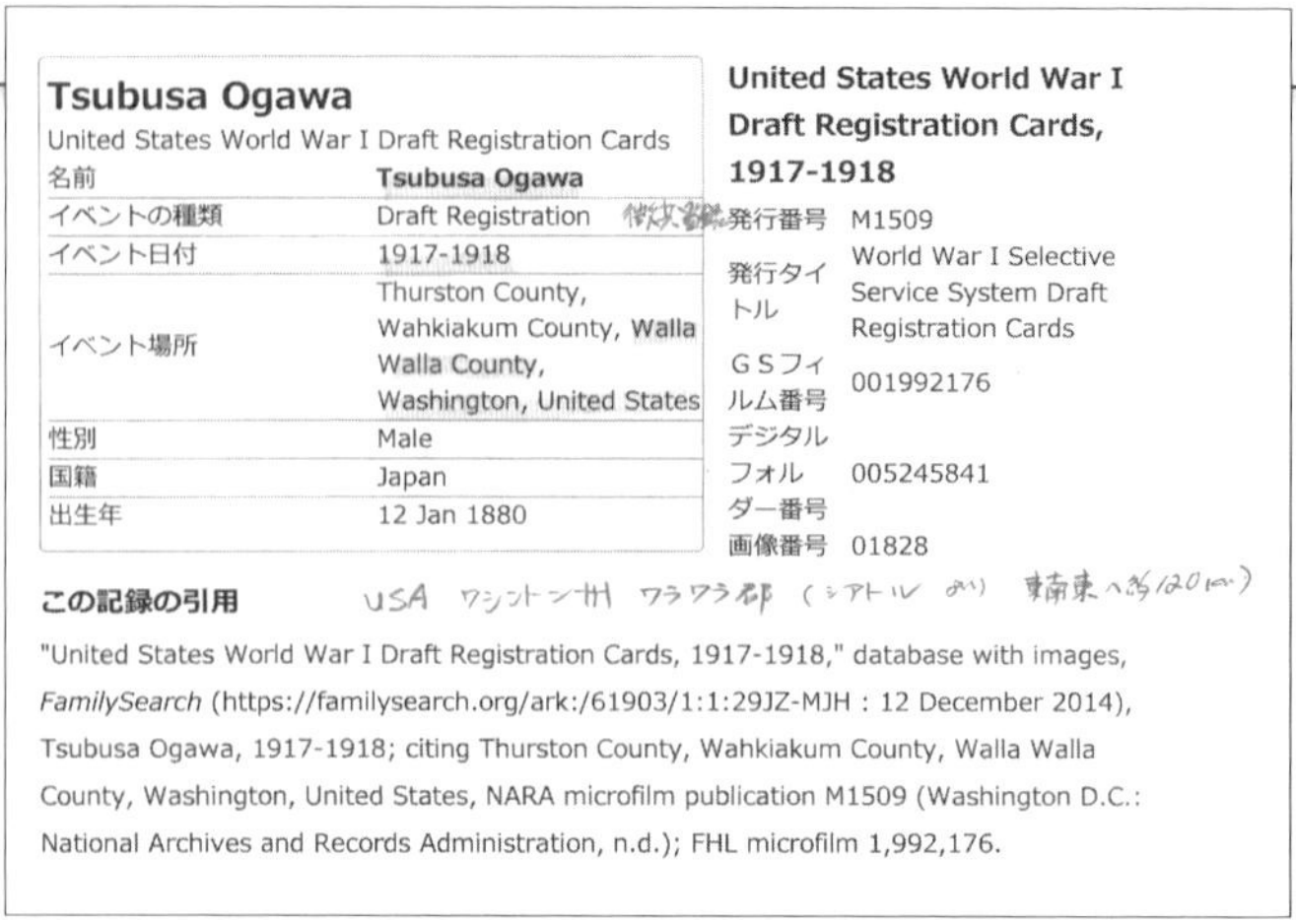

Tsubusa Ogawa	
United States World War I Draft Registration Cards	
名前	**Tsubusa Ogawa**
イベントの種類	Draft Registration　徴兵登録
イベント日付	1917-1918
イベント場所	Thurston County, Wahkiakum County, Walla Walla County, Washington, United States
性別	Male
国籍	Japan
出生年	12 Jan 1880

United States World War I Draft Registration Cards, 1917-1918

発行番号	M1509
発行タイトル	World War I Selective Service System Draft Registration Cards
ＧＳフィルム番号	001992176
デジタルフォルダー番号	005245841
画像番号	01828

この記録の引用　USA ワシントン州 ワラワラ郡 （シアトルより 東南東へ約120km）

"United States World War I Draft Registration Cards, 1917-1918," database with images, *FamilySearch* (https://familysearch.org/ark:/61903/1:1:29JZ-MJH : 12 December 2014), Tsubusa Ogawa, 1917-1918; citing Thurston County, Wahkiakum County, Walla Walla County, Washington, United States, NARA microfilm publication M1509 (Washington D.C.: National Archives and Records Administration, n.d.); FHL microfilm 1,992,176.

日本ハワイ移民資料館から届いた徴兵登録記録—出稼ぎ人であってもアメリカに住んでいる男性は徴兵登録をしなければならなかった

索・問い合わせは全滅した。

しかし、「海外移住資料館」から山口県にある「日本ハワイ移民資料館」を紹介してもらったので、電話をしてみると「時間はかかりますがお調べしましょう」と言ってくれた。私が分かる範囲での渡航日、渡航先を告げ、そしておじいさん夫婦の戸籍のコピーも、もしヒットした時に本人だという証拠となるため「あった方が探しやすい」と言われたので預けた。

約一カ月の後、おじいさん夫婦の乗船名簿、アメリカでの国勢調査、アメリカでの徴兵登録などの資料を見つけてくれた。メールによると、資料館にある「官約移民データ（明治一八〜二七年）」ではヒットせず、アメリカの公開サイトAncestry.com（家系のルーツを調べるサイトで、戦前の国勢調査や出入国記録なども調べることができる）を検索した結果、判明したとあった。それによるとおじいさんがシアトルに到着したのは一九一七年六月と分かった。このように足跡がスルスルと分かってゆく様は、何とも気持ちよく感動的ですらあった。

◆シアトルへ

祖父のアルバムには、「姉、留代大正九年七月サムナーにてラズベリー摘み」というキャプションのシアトル郊外の地でラズベリー摘みのアルバイトをしているおばあさんの写真があったので、私達のシアトルへの旅行は二〇一八年七月と決めた。おじいさんがシアトルに到着してから百年後である。

ラズベリー摘み　1920年

先ずはワシントン大学図書館からのメールで教えてもらったシアトルダウンタウンにあるホテルの跡地へ行った。一九六〇年にホテルが壊された後は駐車場などになったが、現在はOccidental Squareという公園になっている。一八八九年にシアトルの街は大火に遭い、木造の建物はほぼ焼失したため、その後はレンガ造りの建物にするという条例ができたという。ツーリスト ホテルは、その大火の後に建てられたレンガ造りのホテルであった。そういう情報はワシントン大学図書館からのメールに添付されていた『SEATTLE NOW & THEN』に書かれていた。公園にはその大火を消した消防士のモニュメントがあった。

シアトルのダウンタウンでは、地元の博物館(Wing Luke Museum)主催で「日系アメリカ人ゆかりの地ツアー」があり、かつてあった日本人町（現在はチャイナタウンになっている）をガイド付きで巡るツアーに参加した。そこではおじいさんと同じ時代にあった、現存しているホテルや商店や跡地などを巡り、当時の様子や戦争中の苦労話を聞くことができた。

日系アメリカ人ゆかりの地ツアー　2018年

同じくダウンタウンの日本人町にあるパナマホテルは一九一〇年からあり、以前は日本人が経営していた。一時閉鎖されていたが、現在はアメリカ人女性が買い取り「クラシカルホテル」として営業している。そのようなあえて不便な「百年前のホテル」は、おじいさんのツーリスト ホテルともよく似ているのかと思って宿泊した。外観はレンガ造りだが階段や床やドアは木造で、バストイレは共同という当時の面影がよく残っていた。このホテルは二〇一五年「国宝」に指定されている。

全米を結ぶ鉄道 アムトラック　2018年

日本人は大きな山や形の良い山などに地名をつけて「○○富士」と呼ぶように、シアトル郊外に「タコマ富士」と呼ばれるマウントレーニアがあるので、おじいさん夫婦も見たであろうこの山へ行った。氷河をいただいたマウントレーニアは七月でも残雪があり、多くのハイカーでにぎわっていた。

先にも書いたようにおばあさんはサムナー（Sumner）でラズベリー摘みのアルバイトをしていたのでマウントレーニアの帰りにサムナーへ立ち寄った。今でもラズベリーの産地で、フレッシュなラズベリーやジャムを買った。

おじいさんはシアトルに到着してすぐは大陸横断鉄道線路敷設の人夫として働いていたので、大陸横断鉄道、現在のアムトラック（Amtrak）に乗りポートランドまで行った。ポートランドもまた日本人が移民をした街である。

このように私達はアーカイブで得た資料を基におじいさん夫婦の足跡をたどり、百年前のシアトルの生活を偲んだ。

◆おわりに

今回、個人的データを検索しようとすると、日本ではたとえ親族でも高いハードルがあることがわかった。たとえ公開されていてもネット環境やデータ検索の知識が無いと欲しい情報にたどり着くのは難しい。外国ではルーツ探しのサイトがあるほど親族の歴史を容易に知り得るチャンスがあることに驚き、またうらやましくも思った。「ファミリーヒストリー」というテレビ番組があるが、一般の我々でも先祖の歴史を知りたいと思ったときには調べられるようなアーカイブ環境を期待したい。

第三章

二一世紀のアーカイブの潮流

小川　千代子

はじめに

アーカイブは英語archive(s)の音訳のカタカナ語であって、日本語ではアーカイブ、アーカイブズ、アーカイブスと書かれる。年代を追ってこの用語を振り返ってみれば、アーカイブの意味するところは少しずつ、しかし確実に変化してきている。

《文庫 クセジュ》
現代知識の焦点
Que sais-je?
文書館
ジャン・ファヴィエ著
永尾信之訳
白水社
Jean Favier : LES ARCHIVES.
(Collection QUE SAIS-JE? N° 805)
Original copyright by Presses Universitaires de France.
Copyright in Japan by Hakusuisha.

ジャン・ファビエ『文書館』1971年

筆者が初めて接した「アーカイブ」は、一九七一年にクセジュ文庫から出版された『文書館』であった（写真）。中扉下には原題les archives（レ・ザルシーブ）、著者名等が記されているものの、本文中では統一的に「文書館《もんじょかん》」の語が用いられており、「アーカイブ」はみあたらない。原著者ジャン・ファビエは、フランス人だから「アーカイブ」ではなく「アルシーブ」と発音していたと考えるのが自然であること、本書が日本で発行された一九七一年は、まだ「アーカイブ」が普及する前であったことなどから、同書に「アーカイブ」というカタカナ語が登場しないのは無理からぬことである。

1　日本に紹介されたアーカイブ

このクセジュ文庫の『文書館』以前にもすでに、日本にアーカイブは紹介されていた。久米邦武が明治六年(一八七三)にヨーロッパに渡り、イタリア・ベニスの「アルチーフ」を見学したことが、その著書『米欧回覧実記』の中にかかれている。字面では「アーカイブ」ではないが、日本人として文書館を紹介した最初の記録とも言われる。「アーカイブ」が日本に紹介された最初は、明治二四年一二月刊、広池千九郎編『中津歴史』である。これは別府大学教授針谷武志氏の教示による。国立国会図書館デジタルコレクションにも同書のデジタ

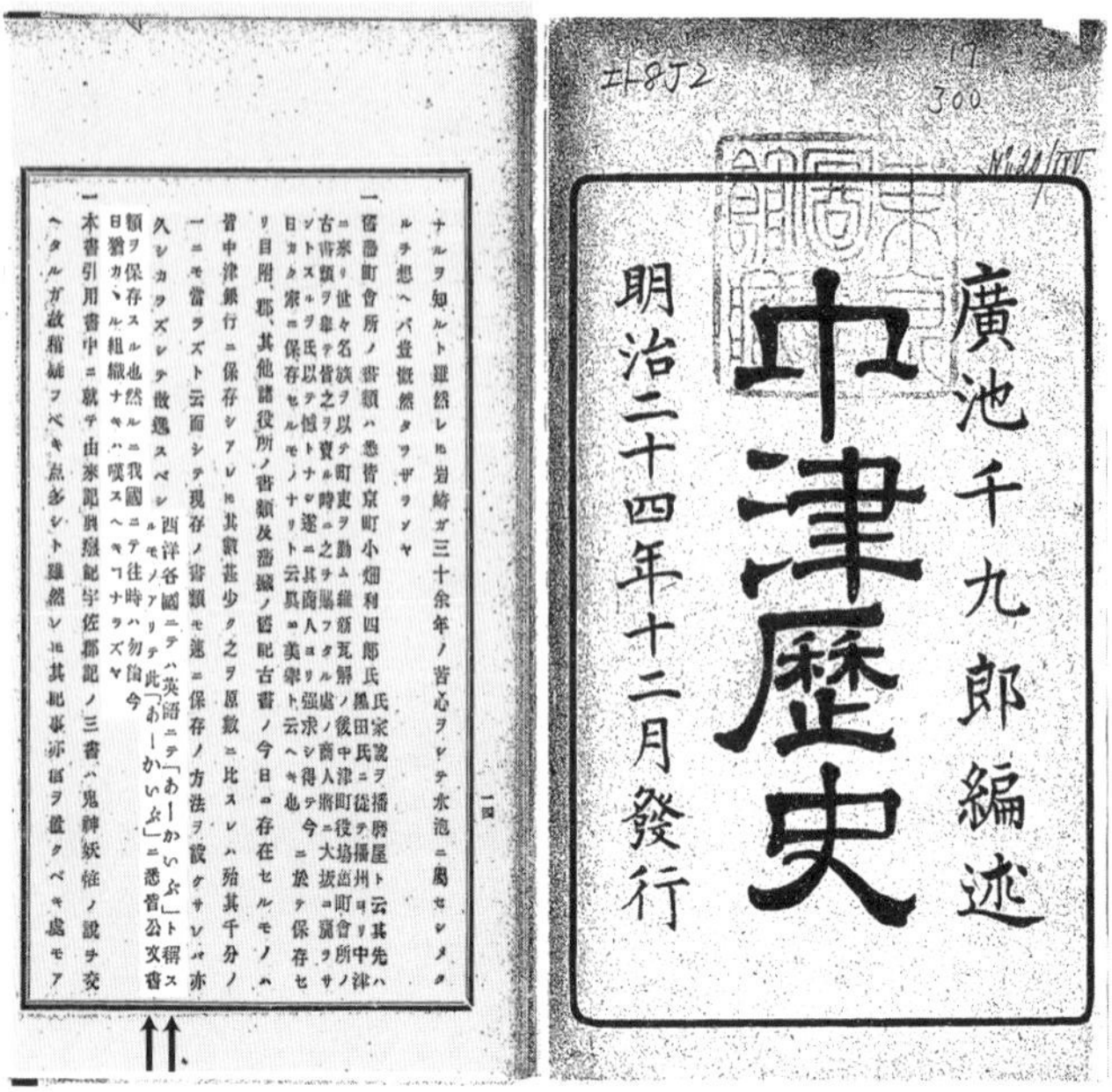

広池千九郎『中津歴史』にある「あーかいぶ」の文字（国立国会図書館所蔵）

ル版が見えている。そこには確かに「西洋各国ニテハ英語ニテ「あーかいぶ」ト称スルモノアリテ此「あーかいぶ」ニ悉皆公文書類ヲ保存スル也然ルニ我国ニテ往時ハ勿論今日猶カ、ル組織ナキハ嘆スヘキ﹇ナラズヤ」（上図）とあり、アーカイブ不在への嘆きは『中津歴史』刊行の明治二四年、一八九一年以来今日までほとんど変わりがなさそうである。

下って大正一三年（一九二四）、歴史学者の三浦周行が欧米各地の文書館を訪問調査した経験を「欧米の古文書館」に書いている。三浦は「アーカイブ」ではなく、アルカイヴ（archive）、アルカイヴィスト（archivist）の英語とともにフランス語、ドイツ語、オランダ語、イタリア語を例示し、さらにその語源をギリシア語、ラテン語に求めて紹介している。その冒頭の一節、「アルカイヴの本質」では、欧米のアーカイブについて概観し、併せて日本のアーカイブの「夜明け前」を次頁のように描き出した（96－97頁）。

三浦が「欧米の古文書館」を著した一九二〇年代ごろから、日本では古文書の保存・整理についての原則的取扱い方法が歴史学研究者の間で紹介されるようになったらしい。だが、用語「アーカイブ」はほとんど見当たらないまま、一九五〇年代に至る。

一九五七年の鈴木賢祐「文書館」（『土－金光図書館報』第四八号、一九五七年五月）は、日本最初の文書館である山口県文書館設立を導き出した文献である。ここには英語 archives の解説が見られる。しかし、この段階でもカタカナ語のアーカイブ（ズ）は登場していない。

三浦周行「欧米の古文書館」（上）

欧米諸国行於いて史学の研究上に利用されて多大の寄与をなしつつある諸機関の一つとしてアルカイヴ（archive）がある。此アルカイヴは我国に於て未だ其設けがなく、稀れにこれに類似するものがあつても、少数の関係者に独占されて居るのは遺憾である。といつて、是迄とても一部の史家からは其設立の希望を発表されたこともあるが、私が先きにも欧米諸国に赴いて親しく視察した結果は我国では折角彼れに学ばうとする所謂アルカイヴなるものの本質が未だ充分に理解されて居ないといふことに思ひ当たつた。

我国でいふ古文書館は元来英語のアルカイヴの訳語であるが、仏語のアルシーヴ（archives）独語のアルヒーフ（archiv）蘭語のアーチーフ（archief）伊語のアルキギオ（archivio）抔何れもその語源は一つであつて、希臘語の**ἀρχεῖον***が、羅甸語の archium や archivum を経て、更に是等諸国語になつたのである。最初は長官の官舎を意味したものが、転じてそこに蔵せられる公文書の蒐集を意味するやうになり、裁判所その他の各官衙から都市大学、寺院等に至るまで、逐年増加した文書の蒐集をアルカイヴと称するに至つた。只一般にそれが最早不要となって後日の参考の為めに別置さるるものに限られ、現在使用されつつあるものはこれを除外するに一致して居る。而してこれを保管する人をアルカイギスト（archivist）といふ。

さればアルカイヴは古文書の蒐集に相違はないけれども、其本質上公文書乃至半公文書（准公文書ともいへばいへる）に属するものである。勿論中には私人の書状もないではないが、それとて皆其古文書を出した官公署に関係を有たないものはなかつた。英吉利現代の古文書学者 Johnson 氏はアルカイヴに向かつて次の如き定義を下している。

Archives consist of one or more groups of documents no longer in current use, each group of which has accrued in the custody of an individual or a department in the ordinary course of business, and forms an organic whole, reflecting the organization and history of the office which prodused（ママ）it. The subsequent transfer of such custody does not affect the definition.

【アーカイブとは、現用でなくなった、ひとつ以上の資料群からなり、各資料群は個人または部局が通常の業務に従い受け入れられたものであり、その全体は、当該資料群を生成した事務所の組織及び歴史を反映する。その後に行われるこれら資料群の移送移管はこの定義から外れる。訳：小川千代子】

私はこれを以て最も穏当なる定義であると信ずる。現に欧米諸国に於ては至る処の官公署及びこれに準ずべきところにアルカイヴまたはこれに相当するものがある。試みにこの種の古文書の保存および研究に一頭地を抽いて居る仏蘭西を例に取るならば、Archives Nationales があるが、それ以外にも外務省、殖民省、陸軍省、海軍省、司法省、元老院、衆議院、警視庁、セーヌ県及びパリー市、公証人役場、オペラ・テアトル、パリー大学抔、それぞれにアルシーヴがあつて、毎日一定の時間に開館して何人にでも閲覧を許すものもあれば、又一定の手続を経て許可を受けた人丈に閲覧させるものもある。

日本に於ては斯ういふ意味に於てのアルカイヴは、過去に於ても、現在に於ても、殆ど一つもないといつてよい。もちろん国立のアルカイヴに相当するものも現存せぬ。當にアルカイヴ其者がないのみならず、其思想がないともいへる。或は史料編纂掛が多数の古文書を蒐集しつつあるを以てアルカイヴに相当―若しくは類似したものと思ふ人もあるらしいが、同掛は史料及び古文書を編纂出版する材料として、他の記録類と共に古文書をも蒐集するのであつて、其古文書は同掛でできたものでなく、殆ど全部原本からの複写であつて、原本はそれぞれ其所有者に蔵されて居るのであるからアルカイヴとはもとより似ても似附かぬものである。アルカイヴの古文書の蒐集は或る限られた範囲に行はるものであつて、決して一般的のものではない。それが歴史の材料とならうとも、乃至政治、経済、法律、軍事、文学、言論、美術、音楽等のあらゆる研究に資せられやうとも、アルカイヴ其者の予期せないところである。是等のアルカイヴは一般に公開されて居るから、その中には一般観覧者の為めに所蔵品の一部を陳列した Museum（Musée）が附属されて居て、英吉利ならば Nelson だとか Wellington だとか、仏蘭西ならば Robes-Piarre だとか Voltaire だとかいつたやうな歴史上知名の人士の筆跡抔もそこらに飾られては居るものの、アルカイヴとしては、必ずしも求めてこれを得た訳でもなく、自然に集つた書類の中から観覧者の注意を惹く為めに選り出されたといふ丈に過ぎないから、これを以て歴史博物館と見るはもちろん当つて居ない。アルカイヴを歴史上の参考となるべき一般の古文書を蒐集した古文書館と看做すは確に其本質を弁へぬものと謂ふべきであらう。

出典．『史林』（史学研究会会誌）大正13年（1924） 第九巻一号 p.123～126

＊ギリシャ文字は、筒井弥生「アーカイブズの語源アルケイオンについての一考察」（『人文・自然研究』Vol.9、31-Mar-2015、一橋大学大学教育研究開発センター、URL：http://doi.org/10.15057/27152（2016年10月20日参照））によった。

2　アーカイブ（ズ）の登場

カタカナ表記の用語「アーカイブ」「アーカイブズ」が、文書保存にかかわる関係者の間に普及浸透するのは、一九八〇年代である。

たとえば、一九八五年には全史料協関東部会会報の表題が『アーキビスト』とされ、大阪府公文書館の機関誌は『大阪あーかいぶず』としてスタートした。このことは、文書館関係者に「アーカイブズ」というカタカナ語そのものがある程度普及浸透したことの証左である。それとともに、それまでは古文書、文書館、公文書館の用語で言い表されていた資料や施設、更にはその研究分野（古文書学、文書館学、公文書館学）までもが、このころから

大阪
あーかいぶず

昭和六十一年三月
創刊号
大阪府公文書館

ごあいさつ

大阪府知事　岸　昌

大阪は古くから、我が国の経済、文化の発展に先導的な役割を果たしてまいりました。大阪府政を顧みましても、現在の民生委員制度であります方面委員制度でありますとか、ニュータウン開発、流域下水道事業など、我が国の地方行政の先駆けとなる事業を進めてまいった輝かしい伝統をもっております。

先人達のこのような業績は、一つには、公文書という形をとって、今日に引継がれているわけでございますが、それをひもとく時、私達は大いに誇りと勇気を感じるのであります。

我が国は、今日、高齢化、情報化、国際化が進む中で、かつて経験したことがない大きな転換期にさしかかっております。

時代が大きく変わる中で、より豊かな住みよい地域社会を築くためには、未来を正しく見通し、直面する問題に一つひとつ正しい選択をしていくことが必要でありまして、このためには、温故知新、即ち、歴史に学ぶことが不可欠でございます。

歴史の証人でもある公文書は、それらが作られたそれぞれの時代の社会を反映し、先人の汗と、苦闘と、知恵と、体験とが凝縮された、府民共有の遺産でございます。

このように重要な公文書の少なからざる部分が、あるいは戦災によって焼け、あるいは戦後の混乱にまぎれて散逸してしまったことは、かえすがえすも、残念なことでございます。

加えて近年、行政の役割が非常に大きくなったことや、オフィス・オートメーションの発達などによりまして、公文書の量も飛躍的に増えてまいっております。

公文書館を設け、今日まで生き残ることのできた公文書、さらに、今後生まれるであろう公文書を保存し、利用するしくみを確立することは、今や緊急の課題でございます。

さらに、このことにより文化の向上や、国

大阪府公文書館全景

岸　知事

目　次

ごあいさつ……………知事　岸　昌…1
発刊にあたって……………井本　洋…2
歴史と資料……………司馬遼太郎…3
ようこそ公文書館へ……………8
保存資料紹介　大阪市内区域改正及び新区設置の上申……………10

1

『大阪あーかいぶず』創刊号　1986年

カタカナ語で「アーカイブズ」「アーカイバル・サイエンス」「アーカイブズ学」と表現されるようになってきた。一九九九年には国立公文書館が逐次刊行物『アーカイブズ』の発行を開始した。文書館や公文書館とそこに働く人々の意識の中に、「アーカイブ」の用語がジワリと普及浸透したのである。公文書館＝アーカイブズという認識が明確に表れたのは機関の名称にアーカイブ(ス)が用いられるようになった二〇世紀末から二一世紀初頭にかけてといえる。

コンピュータ用語としての「アーカイブ」 他方、一九八〇年代にはアーカイブというカタカナ語は、文書館とはまったく異なる分野で普及が始まっていた。文書館の関係者の間でアーカイブの用語が浸透し始めた一九八〇年代、世界は情報化、コンピュータ化が急速に進んでいた。コンピュータの性能向上とともに、大型電子計算機はほどなくパソコンにとって代わられた。一九九〇年代に入ると中央省庁では一人一台パソコンが実現し、ほどなく地方自治体にも浸透した。誰もがパソコンを使う業務環境が整備されていった。そうした環境下で、「アーカイブ」という言葉は意外なところで普及し始めた。コンピュータ用語に「アーカイブ」が出現したのである。

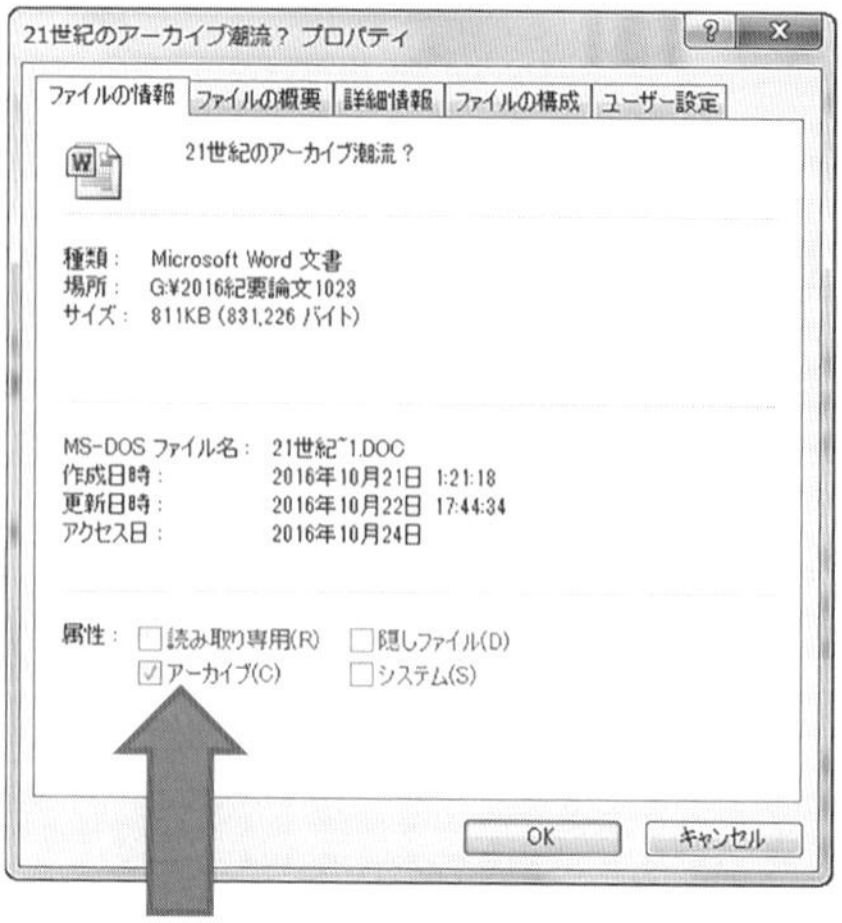

コンピュータ用語としての「アーカイブ」はコンピュータの中で、あまり目立たないところにひっそり掲示されている。上の図は筆者のコンピュータのファイルのプロパティ詳細を開いたところだ。矢印の部分に属性の一つ「アーカイブ」が掲げられている。これはパソコンで文書作成をする人はだれでも、いつも実はお世話になっているところであり、コンピュータの専門家に聞いたところでは、この「アーカイブ」は「保存する」ことを意味するのだそうだ。入力した情報が消えないように保存操作をする、それが「アーカイブ」という動詞なのである。

　コンピュータ用語としての「アーカイブ」が、文書館＝アーカイブの専門家とは無関係に広がり始めると、「アーカイブ」の意味が文書館だけでは収まらなくなってきた。「デジタル・アーカイブ」という用語の出現である。当初これは一九九〇年代の和製英語として知られていた。コンピュータ用語としてのアーカイブとも違う意味を持つ。

一九九〇年代、『現代用語の基礎知識』『イミダス』などの年鑑類には、必ずその年に使われた用語の解説があった。アーカイブは、たいていその用語解説のトップに於かれていた。そこには、従来のアーカイブ(ズ)の意味とともに、コンピュータ用語としてのアーカイブの説明もあった。筆者はその「パラドックス」に惹かれて、アーカイブの定義を集め始めた。この蒐集作業はおよそ一〇年ほど断続的に続けた。しかし、次第にデジタル・アーカイブにかかわる用語が増えたこと、二〇〇五年に国立国語研究所が「アーカイブ」を日本語への言換え対象としたこと、などをにらみ、作業を終了した(122-123頁に「アーカイブ」定義集成を掲載した)。

3　デジタル・アーカイブ

デジタル・アーカイブ白書の始まりと終り　デジタル・アーカイブという言葉が聞こえ始めたのは、一九九〇年代のことであった。二〇〇〇年になると、デジタル・アーカイブ推進協議会が設けられ、デジタル情報をインターネットを駆使して利活用するための方法論、制度等々がここで議論されるようになった。デジタル・アーカイブ推進協議会は通産省傘下の団体であった。企業がデジタル・データをいかに便利に使うかを考案するのが、この団体の目的のようだった。毎年、デジタル・アーカイブ白書が発行された。しかし、二〇〇五年でデジタル・アーカイブ推進協議会そのものが活動を停止し、デジタル・アーカイブ白書の発行もそれで終った。この時期、デジタル・アーカイブは政治的な普及が図られていた。自由民主党が二〇〇三年に出版した『日本再興への道――今こそIT革命だ――』には、明確にデジタル・アーカイブによる経済浮揚を描いている。このまえがきを書いたのは麻生太郎、「今、e-Japan は第二期に入ったといわれている。これまでのインフラ整備中心のe-Japan戦略が第一期だとすると、これを有効に活用し、国民生活や産業競争力を向上させ、二〇〇六年以降も我国が世界最先端のIT国家であり続けるというコンテンツやソフト中心が第二期だ。」と、ITの推進が日本の経済を押し上げるとする書きぶりだ。ここでは、文書館、公文書館を意味するアーカイブ(ズ)への視点は希薄だ。ITの推進による経済浮揚のため、もっぱらデジタル・アーカイブの普及と多用に向けて政策立案の議論を進めていたことが見える。

この間の動きは政治そのものであった。二〇〇三年、自民党政務調査会e-Japan重点計画特命委員会デジタル・アーカイブ小委員会が「デジタル・アーカイブ推進を目指して──誰にも身近なアーカイブを──中間報告素案」を出版した。表紙で「デジタル・アーカイブ」という言葉を明確に定義しているところが興味深い。

この少し後になって、国立国会図書館では明治期刊行物の大規模デジタル化が行われた。この事業は、アーカイブと呼ばれることはなかった。しかし、保存すべき資料はデジタル化により、利用者にとってはより便利により身近に利用できるようになっていった。筆者もこの恩恵に浴し、大変に感動した。前後しつつ、国立公文書館のデジタル・アーカイブやアジア歴史資料センターのデジタルによる公文書資料の公開が進捗している。この傾向を追いかけるように、今では全国の公文書館でもデジタル・アーカイブの提供を目指しているようだ。

復興構想七原則から国立国会図書館ポータル「ひなぎく」へ

二〇一一年三月一一日の東日本大震災は、津波により想像を絶する甚大な被害をもたらした。しかも、その津波が各地に襲いかかる様子がテレビ画面で実況放送された。多くの人はこれを見た。そのこと自体、被災しなかったものにとっても大きなショックであった。

この甚大な被害を踏まえ、同年六月『東日本大震災復興構想会議　復興への提言～悲惨のなかの希望～Towards Reconstruction "Hope beyond the Disaster"　平成二三年六月二五日』が発表された。この冒頭には復興構想七原則が掲げられている。その復興構想七原則の一には、「失われたおびただしい「いのち」への追悼と鎮魂こそ、私たち生き残った者にとって復興の起点である。この観点から、鎮魂の森やモニュメントを含め、大震災の記録を永遠に残し、広く学術関係者により科学的に分析し、その教訓を次世代に伝承し、国内外に発信する。」

とあり、「震災の記録を永遠に残す」ことに重点が置かれた。これを踏まえ、三・一一の記録を永遠に残す＝震災アーカイブ・プロジェクトが数多く立ち上がり、様々な活動が展開された。活動を記録した文献資料の発行はもちろん、デジカメで撮影された動画、静止画が多くのウェブサイトに掲載されていった。二〇一三年三月七日、国立国会図書館は、それらを取りまとめ、東日本大震災アーカイブ「ひなぎく」を正式公開した。東日本大震災に関する音声・動画、写真、ウェブ情報等のデジタルデータや、関連する文献情報を一元的に検索・活用できるポータルサイトである。筆者の着眼点は、名称に「アーカイブ」の語が用いられたポータルサイトであるところにある。保存したい情報源の検索サイトもまた、保存する意思を表すために「アーカイブ」の語が冠されたのであろうか。

アーカイブ立国宣言　二〇一四年、デジタル・アーカイブに関する出版物がどっと世に出てきた。少しまとめて入手したのが、上の写真だ。タイトルには、「文化情報学」とか、「デジタル・アーカイブの構築」とか、「オープン・アクセス」「デジタル・データと著作権」などの文字が踊る。しかし、そこからアーカイブの実態が見えてくるのだろうか？　タイトルにある「アーカイブ」「アーキビスト」の用語の定義がどこに置かれているのかが、あまり明確ではない。中でも、『アーカイブ立国宣言』は人目を引くタイトルである。そこにアーカイブの実態が見えるかどうかは別として、アーカイブという象徴が国を立てるという宣言がここで行われているとなれば、大いに関心をそそられる。

アーカイブ拠点施設　「アーカイブ」という言葉が一気に普及したのは東日本大震災だった。二〇一九年二月一〇日の河北新報によると、この東日本大震災と東京電力福島第一原発事故の複合災害の記憶と記録を伝承するため、『アーカイブ拠点施設』が福島県の双葉町に建設される。浜通り地方を中心にした震災前の暮らしや災害の実態を伝える文書、写真、映像、証言などを集めて展示する。語り部から被災や復興の状況を学べる仕組みを整えて交流人口拡大も図る。収集した資料は二〇一九年二月現段階で約一五万九〇〇〇点に上る。双葉町の伊沢史朗町長は「世界中の人に福島県やこの地域に関心を持ってもらい、教訓を学んでもらえると期待している」と述べた。隣接地には国や県が復興祈念公園を整備する。町は復興産業拠点に産業団地を造成中で、一帯の避難指示解除準備区域について二〇二〇年春の解除を目指しているという。記録とその保存に主眼が置かれているが、記録と組織の関係性は見えない。日本語としての「アーカイブ」には経済との結びつきが鮮明に見えている。

4 二一世紀のアーカイブ潮流

二〇一六年のICA大会　二〇一六年九月七-九日の三日間、ソウルで開催された第一八回ICA（国際文書館評議会）大会に参加した。ICA大会は四年に一度、オリンピックの年に開催される。今回は総参加者数が二〇〇〇人を超え、日本からの参加者六六名と、大規模な国際大会であった。大会テーマには、「アーカイブズ、調和、友情：グローバル社会における文化的感受性、正義、連携の確保」が掲げられた。併設の展示場には、企業ブースだけでなく、韓国政府各

第18回 ICA 大会（2016）発表テーマ9項目

1. デジタル時代のレコードキーピング
2. 協力
3. 正義、権利擁護、和解における記録及びアーカイブズの利用
4. グローバルなアーカイブズ界における調和と友情
5. アーカイブズ文化及び社会における多様性と調和
6. 韓国のアーカイブズ及び記録管理
7. 新任専門職
8. 2012年以降のICA ネットワークの称賛すべき成果
9. 国立公文書館フォーラム

省庁や地方政府による出展が多くみられた。このあたりからは、大会を招致した韓国国家記録院の意気込みが見えた。

日本の国立公文書館もＨＰで早くからこの大会を紹介し、関係者に参加を促した。その中では、大会での発表テーマは九項目（前頁の表）に分類して示されていた。

大会プログラムには各国別発表件数、ランチやコーヒーブレーク、ディナーの場所と時間などの掲載があった。九日のランチタイム、ディナーでは、日本の文書館で働く人たちが多くあつまった。日本にいては案外会えない方々と会い気軽に話せるので、最近の動向把握もできた。若い人の参加もあり、日本のアーカイブ界にたずさわる人々が増えてきたことを実感した。日本からの発表では、福島原発事故とアーカイブに関する報告に関心が集まった。

前掲ＩＣＡ大会発表テーマ九項目からも見えるように、最近は記録物（韓国語では、record, archives は、どちらも記録物である）が社会の調和に果たす役割に

世界規模で関心が集まっている。他方、デジタル時代といわれる今日の技術進展環境下で、記録の保存に加え、その公開利用提供を巡る技術への関心は高まるばかりだ。そうした二一世紀的潮流は、具体的には、世界規模で二〇世紀的「アーカイブ（ズ）」観を脱却し、動詞「記録を保存する（こと）」＝アーカイブ（アーカイビング）、及び名詞「保存記録」＝アーカイブ（ズ）を個別に意識する傾向を明確にした。その結果だろうか、二一世紀に入ってからの社会的技術的環境の変化の中で、アーカイブの意味が、世界規模でジワリと変化しているようだ。

セーフ・ヘブン　そうした潮流を象徴する発表があった。ＩＣＡ人権ワーキング・グループのリーダー、Ｔ・ピーターソンの発表である。ピーターソンは「危機に瀕したアーカイブ資料の保全＝セーフ・ヘブン」のテーマで人権の観点から世界規模でアーカイブ資料を守る試みを紹介した。今回聞くことができた発表の中でも、特に二一世紀の新たなアーカイブ潮流を強く感じさせられたものであった。これは、既にボリビアの警察記録をデジタル化して永世中立国スイスにそのデジタルデータを保存し、内戦下のボリビアで警察との関わりの中で姿を消した多くのボリビア国民に関する記録を保全する、という実績があるという。

二一世紀に入り、アーカイブが社会の調和に果たす役割はますます拡大している。今、その役割の拡大が著しいのは、企業資料である。二〇世紀までは「公」（おおやけ）の組織こそが記録物の発生から永久保存までを担うのが当然とされ、企業の場合は私的性格を根拠に記録物の保存管理はさほど強く求められることはなかった。しかし、二一世紀を迎えた昨今、グローバル企業が情報流通保管保存にかんしては国家をはじめとする「公」を凌駕してきている。

こうした世界状況を踏まえるなら、前掲の第一八回ＩＣＡ大会（二〇一六）が発表のテーマ九項目のうち、**2．協力、3．正義、権利擁護、和解における記録及びアーカイブズの利用、4．グローバルなアーカイブズ界における調和と友情、5．アーカイブズ文化及び社会における多様性と調和、**の四項目が二一世紀的世界潮流を反映したものとみることができる。私はこの四項目にはそれぞれ次のようなアーカイブ哲学が包含されていると考える。

2．協力　前頁に述べたセーフ・ヘブンのような、国家の主権を超越したアーカイブ資料保全を考えるなら、あらゆる関係者との協力は不可欠である。協力とは紛争の反対語であり、争わず適切に妥協しつつ、穏やかな関係を保つことである。記録物それ自体は、物理的には決して強固ではないので、記録物を取り扱うには、平和的な環境が強く望まれる。

3．正義、権利擁護、和解における記録及びアーカイブズの利用　武力紛争や国家間、民族間のもめ事の調整には、過去にさかのぼってのあらゆる経過の確認と相互理解を積み上げていかなければならない。過去にさかのぼってのあらゆる経過を確認するには、利害関係者のすべてが、納得できる性格を帯びた記録にアクセスし、その解釈を現時点での共通理解として作り上げ、さらに仕上がった共通理解に対し関係者すべてが共通理解であることを確認する必要がある。このような作業をするには、利害関係者のすべてに関連する過去の条約や覚書といった記録物を根拠資料とすることになる。このような場合に根拠資料とすることができる記録物は、今日では多く公文書館や行政府の文書庫にアーカイブとして保存されている。だからこそ、正義、権利擁護、和解に向けた協議や活動にはアーカイブ資料たる記録物が欠かせない。

4．グローバルなアーカイブズ界における調和と友情　二一世紀に入り、地球全体がネットワーク技術の進歩に支えられ時間距離が大幅に短縮された。その結果としてアーカイブズ界の人的交流も活性化が著しい。この人的交流は、調和と友情の深化により一層隆盛を増す。

5．アーカイブズ文化及び社会における多様性と調和　国を筆頭とする各階層の政府はもちろん、企業や学校、宗教団体や医療機関、ＮＰＯ／ＮＧＯなどの民間団体等々、あらゆる組織、あらゆる機関、あらゆる団体、そして「家」や個人もまた、日々の営みのなかで記録物を作成蓄積している。それぞれの組織、機関、団体、家、個人の個性により記録の作成や蓄積のありようは千差万別である。記録物とその蓄積のありようを「多様性」ととらえ、共有化のために多様性の中から共通項を見出し、相互理解につながるようにするのが、記録物を中心にすえた調和である。多様性の認識と共通項の発見による相互理解の深化は、記録物の科学的取扱い、さらには記録管理学体系化にもつながろう。

5 アーカイブ、残すということ

一九八五年秋、米国・テキサス州の大学アーカイブを訪問調査に訪れたことがある。当時、ここでも大学アーカイブは整備途上であった。資料整備担当者であるアーキビストは、「何が何でも、保存することです。保存がなければその先の利用も研究もあり得ません。資料の存在がすべてです。保存されていれば、その資料はいつか利用される可能性があります。資料を廃棄してしまったら、その段階ですべては終わります。」と熱く語りかけてくれた。案内された「大学アーカイブ」とは、数段分の書架に整理中の紙資料が置かれている「ワークスペース」であった。「資料の存在がすべて」と熱く語るアーキビストの分厚いレンズの奥から注がれるまなざしは、その資料たちが包含する未来へのメッセージへの愛情でいっぱいだった。この愛情が「残す」ということを可能にしている、これがアーカイブの根源だ、と直感した。

筆者の考えではアーカイブとは、情報を固定化する動作であり、同時に固定

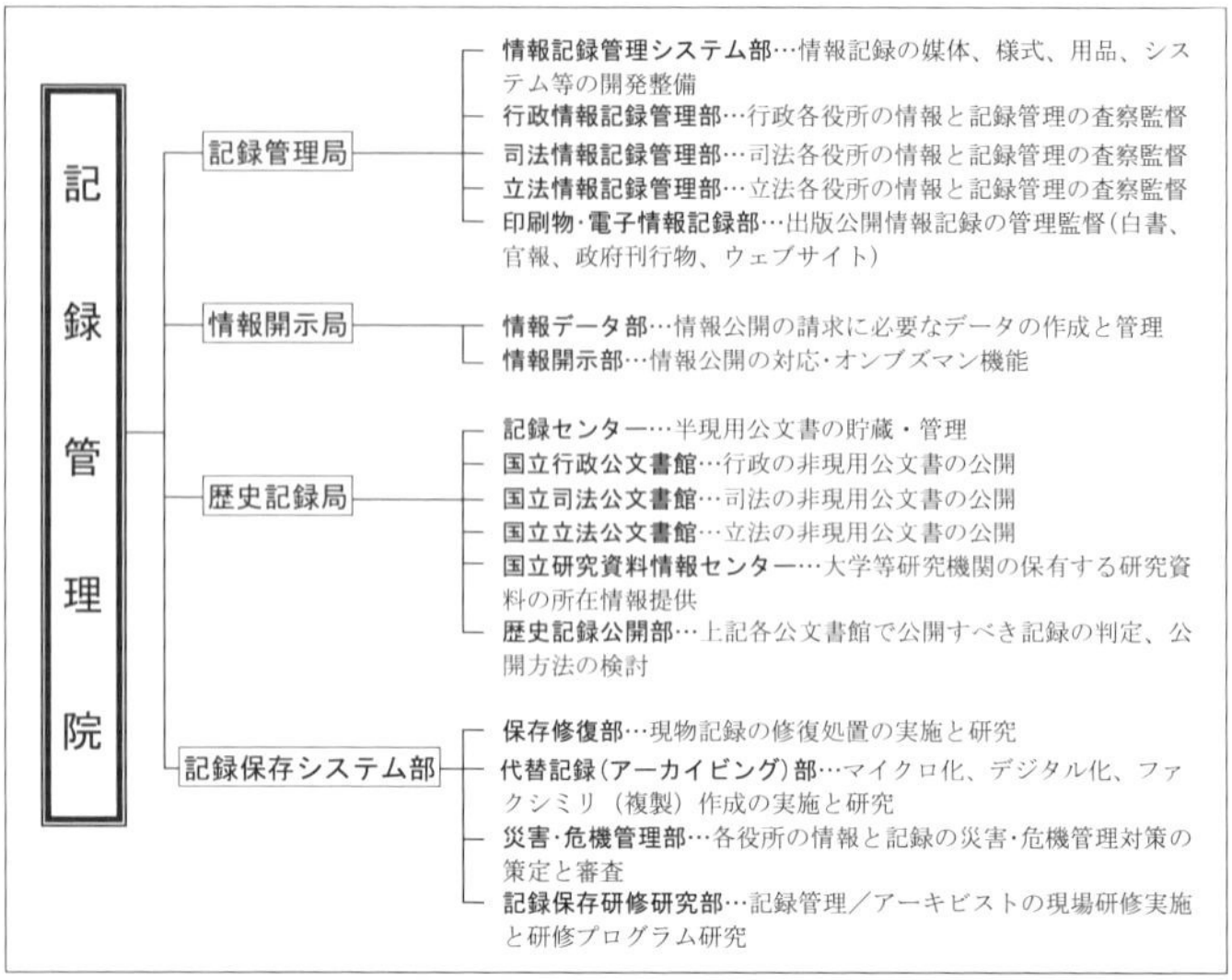

記録管理院構想図（小川千代子作成）

化された保存情報＝保存記録であり、さらにはその集合を保存する場所＝記録保存館やその仕事を担う役所＝記録管理院をいう。

国語研究所が「アーカイブ」の言いかえとして提案する「保存記録」の説明を英和辞典で見ると、アーカイブ（ズ）archivesには、公文書という訳語が割り当てられている。国語研究所のもうひとつの言いかえ提案である「記録保存館」としての「アーカイブ（ズ）」は、英和辞典では、記録保管所、文書保管所、文書管理局などと訳出されている。

記録管理院構想　「記録管理院」は筆者の造語である。一九九七年『月刊ＩＭ』二月号で記録管理院構想図を公表した。当時、日本には文書の保存管理を統括する役所も部署も見当たらなかった。どちらかといえば偶然に助けられ「残す」ことになったものの、「保存管理と利用提供」を行う窓口業務の場所として「公文書館」だけが「アーカイブ(ズ)」としてようやく少しずつ知名度を上げてきていたころであった。しかし、一旦目を海外に向ければ、途上国先進国を問わず、各国の「ナショナル・アーカイブ(ズ)」では通常、その国の文書の発生段階から文書の作り方、所在や存在確認のための手法、作成された文書が当初の目的を終えて完結したのちの保管や処分の実務作業とルールとの調整などを担当するということは、日本ではほとんど知られていなかった。文書は作成された所期の目的に使われた後は、完結文書となる。その後は保存期間満了とともに廃棄されるものと考えられていた。公文書管理法が施行され八年経過後の今も、保存期間満了後の公文書館への移管割合は高くない。筆者が記録管理院構想(前頁図)を公表した約二〇年前の一九九七年当時は、公文書の発生総量と公文書館への移管量を比較する統計すら乏しかった。そんな当時の状況を何とか変える方法はないかという「思い」を結実させたのが、記録管理院構想であった。

「アーカイブは民主主義のツール」か?

「アーカイブは民主主義のツール」と、

しばしばいわれる。だが、民主主義体制ではない国にもほぼ必ずアーカイブは存在する。それぞれの国のアーカイブの沿革は、その国自体の沿革と表裏一体をなしていることは珍しくない。その国の社会政治体制の如何によらず、あるいはその組織の性質の如何を問わず、国や組織が活動している限り、アーカイブ資料は日々生み出され、蓄積されている。日々蓄積されるアーカイブ資料は、その国や組織の方針・政策・社会的文化的慣習に従って保存され、または廃棄されていく。では、アーカイブ資料はいつまで保存され続けるのだろうか。

公文書館は特定歴史公文書等を永久に保存し、利用提供する使命を帯びている。従って、現在国立公文書館が収蔵している特定歴史公文書等は、永久に保存されるハズである。

力あるものが記録を残す

力あるものが記録を残す、これは、民主主義のツールとしてのアーカイブ、という定評を突き崩す目線である。自明のことではあろうが、いかなる種類の権力であれ、その時々の権力こそ、記録を残すチカラを持たなければならない。アーカイブは元来、統治の記録の集積であることを踏まえて、アーカイブ資料、アーカイブ機関、アーカイブの理解を深める必要がある。
民主主義の世界では、タミ＝民が権力をもつから、タミに公開され、共有される情報源たる記録の存在がカギになる。だからアーカイブが民主主義のツールに見える。しかし、それだけでは民主主義でなかった時代、なぜ記録が作られ、なぜ記録が残ってきたのかは説明できない。例えば、フランス国立文書館の場合。フランス大革命の際に王府の記録がスービーズ宮に集められ、これが近代的なアーカイブの始まり、とされている。だが、それ以前のフランスを統治していた王府もまた、記録を作っていたし、整然と管理することは行われていた。つまり、記録を作成し、管理することは統治のために必要な業務なのである。

記録の作成、保管、保存とその制度は、統治に不可欠　フランス国立文書館が近代アーカイブの始まりと言われる所以はこれが国民のアクセスを認めたからにほかならない。つまり、記録の作成、保管、保存は、統治を行う権力者にとっては不可欠な営みであり、今日に伝わる様々なアーカイブ資料は、こうした統治に関わる営みが時々に記録され、蓄積されてきたものである。そして、アーカイブ資料となるべき記録はこれからも日々生成蓄積が続くものなのである。

この記録の整然とした管理は約束事に基づいて行われるものである。整然とした管理を行うための約束事は権威に裏付けられた「制度」となり、関係者はこれに従わねばならない。制度の存在こそが記録の管理を継続的かつ具体的な手法、技法によって実施することを可能にする。

現在の国連関係機関（管見の限りではあるが、たとえば国際連盟、国際連合、ＩＬＯ、ＵＮＥＳＣＯ、ＵＮＨＣＲ、ＷＨＯなど）では、現用文書の作成と管理には、一九二〇年前後に導入されたイギリス式のレジストリー・システムと呼ばれる文書管理「制度」を継承している。約一〇〇年前にすでに、現用段階では何らかの制度なしには日々生成される記録のコントロールが難しいとされていた。ＵＮＥＳＣＯや国際連盟事務局ではそのために作成段階からの文書登録と番号付与による文書の管理制度が導入され、今もこれが引き継がれている。なお、国連関係諸機関では、各機関がそれぞれ記録・アーカイブ管理担当部署を設け、現用記録の日常的なコントロールから非現用記録の永久保存と対外アクセスまでの事務を引き受けている。これを確実に行うことで、国際機関はその運営の透明性を維持し、加盟国に対する説明責任を果たしているのである。

同じように、世界各国とも公文書館を設け、それぞれの国の成り立ちから今日に至るまでの記録物を引き受け、保存し、業務上の必要や個人的な関心を持つ利用者に提供するという役割を果たしている。ヨーロッパ各地では、国全体のレベルのものはもとより、日本の制度でいうなら都道府県、市町村などの地方政府もまた、所管地域にかかわる記録を保存・公開する機関を設けている。アジア地域に目をやると、中国では档案局、档案館の制度がよく普及している模様だ。

アーカイブの国際NGO、ICA国際文書館評議会には、世界一六〇ヵ国あまりから国立のアーカイブ機関が加盟している。それぞれの国が政治社会体制の多様性を乗り越え、この国際NGOにこれほど多くの国が加盟しているのはなぜか。そこには、共通の関心事として「残す」ということがあるからに違いない。

文化のモノサシ

かつて「アーカイブは文化のモノサシ」と題するエッセイを書いた。なぜアーカイブは文化ノモノサシなのかというと、アーカイブはあらゆる分野、あらゆる国、あらゆる組織で発生する記録物であり、しかもそのありようがその分野、国、組織等々によりそれぞれに特色を備えているからだ。アーカイブはその意味で世界に共通する「残す」という意識、あるいは概念を具体的にどのように実現するかという独自性が発揮される分野だといえる。記録物のうちの何を残すのか、どのように残すのか、残されたものはどのように利用に供されるのか、制度はどうか、施設設備建物はどうか、職員はどうか、等々が、アーカイブ文化を測定するための目盛となっている。

むすび　これからのアーカイブにむけて

二〇世紀初頭から一九七〇年代までの日本では、アルカイヴ、アーカイブはなじみのない外国語でしかなかった。一九八〇年代に入り、公文書館法が成立したころに、アーカイブ(ズ)が公文書館関係者の間に少し浸透し始め、二一世紀直前のころになるとデジタル・アーカイブが政府のＩＴ戦略と経済浮揚政策のもとで多用され始めた。このような流れを見ると、二一世紀の現在、アーカイブは経済浮揚のキーワードとして用いられ、普及浸透しつつあることが見て取れる。これからも、アーカイブは経済政策の波に乗ってより普及が図られていく可能性は高い。このような環境下で、その本来の意味を見失うことがないよう、切に願うものである。元来、「アーカイブ」には、証拠性の高い記録物や情報資源の確実な長期保管という意味合いがある。近視眼的経済浮揚政策に踊らされたまま、「保存する」というアーカイブの本来的意味を置き去りにしてはならない。必要な記録物を確実に未来に向けて保存し続ける機関、組織、及びそれを行うという動作、更には保存される記録物そのもの、これがアーカイブの変わらぬ意味でなければならない。筆者はこのように確信している。

参考文献

（1） 高野修『日本の文書館』岩田書院ブックレット、東京 一九九七年
（2） 小川千代子『アーカイブを学ぶ』岩田書院、二〇〇七年
（3） 小川千代子「連載・教養講座－一〇・最終回 文書館を知ろう 六：日本の文書館の将来像（下）」『月刊ＩＭ』一九九七年二月、日本画像情報マネジメント協会（現ＪＩＩＭＡ）、公文書管理法策定前夜の拙稿「文書基本法（案）と記録管理院構想―アーキビストの思い」（『公文書管理の法整備に向けて』第Ⅳ部第六章、商事法務、二〇〇七年二月）にも再録した。
（4） 小川千代子『世界の文書館』岩田書院ブックレット五、岩田書院、二〇〇〇年

付録「アーカイブ」定義集成

1．情報・知識 imidas 1999（イミダス）　集英社、1999年、カタカナ語

アーカイバー：複数のファイルを一つのファイルにまとめたりもどしたりするソフトウエア。ディレクトリーを含められるものもある。

アーカイブ：①公文書保管所。記録保管所。②複数のファイルを一つにまとめたり、圧縮したりしたファイルのこと。

2．朝日現代用語知恵蔵1998　朝日新聞社、1998年、外来語・略語

アーカイブス：公文書、公文書館

3．99-2000年版パソコン用語辞典　技術評論社、1999年

アーカイバルファイル：記録ファイルを意味し、特に大容量や複数のファイルを圧縮して作ったファイルをいう。ファイルの記憶容量も小さくてすみ、転送時間が特に少なくてすむのが大きな利点である。このようなファイルの作成と復元（展開または解凍という）のためのツールをアーカイバーという。

アーカイブ：①公文書保管庫などを意味するが、ここではいくつかのファイルをまとめた一つのファイルを指す。圧縮されるのが普通である。これをアーカイバルファイルともいう。②インターネットでは、公開されたファイルの保管庫（サーバー）を指し、保管庫の場所をファイル検索システム Archie（アーチー）で特定する。

4．文書館用語集　文書館用語集研究会編、大阪大学出版会、1997

アーカイブズ：①史料、記録史料。②文書館（もんじょかん）。③公文書記録管理局（こうぶんしょきろくかんりきょく）。④コンピュータ用語では、複数のファイルを一つにまとめたり圧縮したファイルのこと。

アーカイバー：ファイルを圧縮し、複数のファイルを一つにまとめたものを作るのに用いるソフトウエア。

アーカイブファイル：ファイルを圧縮し、複数のファイルを一つにまとめたもの。

アーキビスト：記録や史料の管理または文書館の運営のために専門家として配置されている人。アメリカではしばしばマニュスクリプトキュレータの意味でも用いられる。

5．記録管理と法務 アカウンタビリティへの対応　抜山勇・作山宗久著、ぎょうせい、1997.12、巻末用語集

アーカイブズ：歴史価値があり長期保存が必要な文書を収集・保管し利用者にサービスを提供する施設。

6．OA 導入の前に読む本　壷阪龍哉著、ダイヤモンド社、1981年

アーカイバル　企業の存続する限り、長年にわたって保存しておかなければならない歴史的価値のある記録類のことで、アーカイバルファイル、またはアーカイバルレコードを意味する。例えば、社史編纂資料などはその代表的なものである。またアーカイブはアーカイバルファイルが保存されている場所のことを意味する。

7．記録史料学と現代　安藤正人著、吉川弘文館、1998年、8頁

アーカイブズ、すなわち記録史料と文書館は、現代社会の中で次の二つの役割を担っている。ひとつは過去と現在そして未来-すなわち“時間を超えて人をつなぐ架け橋”としての役割である。二つは人と人、国と国、地域と世界──すなわち“空間を超えて人をつなぐ架け橋”としての役割である。抽象的な表現だが、記録史料という歴史情報資源の活用によって、時空を超えた人類の相互理解を促進することこそが記録史料保存の目的だと考え、これを“アーカイブズの思想”と呼んでみたのである。

8．NHK アーカイブス　2003年２月オープン　パンフレット　2002年、表紙

アーカイブス【Archives】　英語で記録所、保管所の意味。時代を記録した貴重な映像やテキストなどを保存し、活用する機能や施設を示す世界の共通語。

9．デジタルアーカイブ推進を目指して―*誰にも身近なアーカイブを*―中間報告（素案）平成14年６月27日自由民主党政務調査会 e-Japan 重点計画特命委員会デジタルアーカイブ小委員会　表紙

「アーカイブ（またはアーカイブス）」とは「公的な記録保管所」あるいは「時代を記録した貴重な映像や音声ソフトなどを保存し、活用する機能と場所」と定義されている。

「デジタルアーカイブ」は、デジタル技術やネットワーク技術などを駆使して、過去及び現在における様々の知的資産を「創造的に継承」し、「多角的に利用」することを可能にするようなシステム・社会基盤の総称であり、日本で独自に作られた言葉である。

10．武邑光裕『記憶のゆくたて デジタル・アーカイヴの文化経済』（東京大学出版会 2003） p.6

物質から真理を還元し、そこから離脱することによって得られた電子の記憶庫がデジタルアーカイヴである。ここに託されるべきものは神話としての無責任な森ではなく、明確に未来に資する森である必要がある。

11．国立国語研究所『「外来語」言い換え提案―分かりにくい外来語を分かりやすくするための言葉遣いの工夫―　第１回～第４回 総集編』平成18年３月　国立国語研究所「外来語」委員会の中の「アーカイブ」

アーカイブの言い換え語　保存記録　記録保存館

用例：• 古いもの保存記録《アーカイブ》として残し，情報として蓄積していくべき。
　　　• 委員会は資料の保存と活用の両面から，京都でどのような記録保存館《アーカイブ》が最適かを、来春めどに決める。

意味説明

個人や組織が作成した記録や資料を，組織的に収集し保存したもの。また，その施設や機関。

手引き

○ものを指す場合，単に「記録」「資料」と言い換える方が分かりやすい場合もある。歴史資料の場合は「史料」と言い換えることもできる。

○施設や機関を指す場合，国や自治体が公文書を保存・管理するものは「公文書館」，企業などが文書を保存・管理するものは「文書館」と言い換えることが適切になる。歴史資料の場合は「史料館」と言い換えることもできる。

○一般には，「アーカイブ」の語形が多く用いられるが，専門語としては「アーカイブズ」の語形が用いられることもある。

○「ライブラリー」が，図書をはじめとする資料を収集し閲覧に供するためのものであるのに対して，「アーカイブ」は，記録や資料を記録媒体にかかわらず長期に保存するためのもの。対象物や目的に応じて，言い換え語を工夫したい。

○公的な機関が，記録や資料，施設の名称に「アーカイブ」を用いる場合は，説明を付与するなどの配慮が必要である。

その他の言い換え語例

記録　資料　史料　公文書館　文書館　資料館　史料館

複合語例

デジタルアーカイブ＝保存電子資料　電子資料館

フィルムアーカイブ＝保存映画資料　映画資料館

第四章

アーカイブを維持する修復技術

金山正子

はじめに

本書にこの原稿を書くきっかけにもなったＵＮＨＣＲ（国連難民高等弁務官事務所）アーカイブでのボランティア活動は、二〇一八年で早や一〇年目を迎えた[1]。現地でボランティアをしている間には、近隣の機関のアーカイブにアポイントをとり訪問してきた。文書管理やアーカイブへの移管システムや保存・公開などについて、その機関のアーキビストから直接に説明をいただき、時には日本との比較を交えてディスカッションをするのは楽しく刺激的なひとときでもある。私は修復の仕事に就く前には公文書館で保存管理の業務に従事していたので、海外とはいえ、古い原資料を整理して保管するという即物的な作業をみるにつけ「このアナログ感はどこも同じだなあ」と懐かしい。しかしいっぽうで訪問した各機関での説明を聞きながら、「原資料保存と言えどもやはりデジタル化の波が強し」という印象が拭えないのがもどかしくもあり……と、毎年いろいろな感想を持ちながらボランティア活動を続けてきた。

ただし、海外アーカイブ整理作業はあくまでもボランティアとして携わっているので、反対に自分自身の本業である紙資料のコンサベーション（保存処理）という視点ではあまり意識してボランティア作業の中では重点をおいてこなかった。というのは、保存管理のシステムにおいて優先すべき分野は各機関の方針により策定されているので、ボランティア先の組織的な制限には首を突っ込まないことが礼儀であると思っているからだ。また、国内外を問わずアーカイブのコンサベーションやレストレーション（修復）の予算や人員は年々削減されており、どちらかというとパッケージやデジタル化で凌いでこうという流れが少なからず世界的にあるように感じている。

そういう風潮の中、他の研究調査などでも海外のアーカイブを訪問する機会が増え、日本でのアーカイブにおける資料保存についてあらためて見つめ直す機会が増えた。日本は公立のアーカイブでも修復部門が設置されているところが少ないということがよく悲観的に提示される。たしかにそれは現実なのだが、複雑で高度な技術を要する修復については、外部の修復専門業者や修復技術者を外注という形でより有効に活用するという流れは国内外問わず現実でもある。

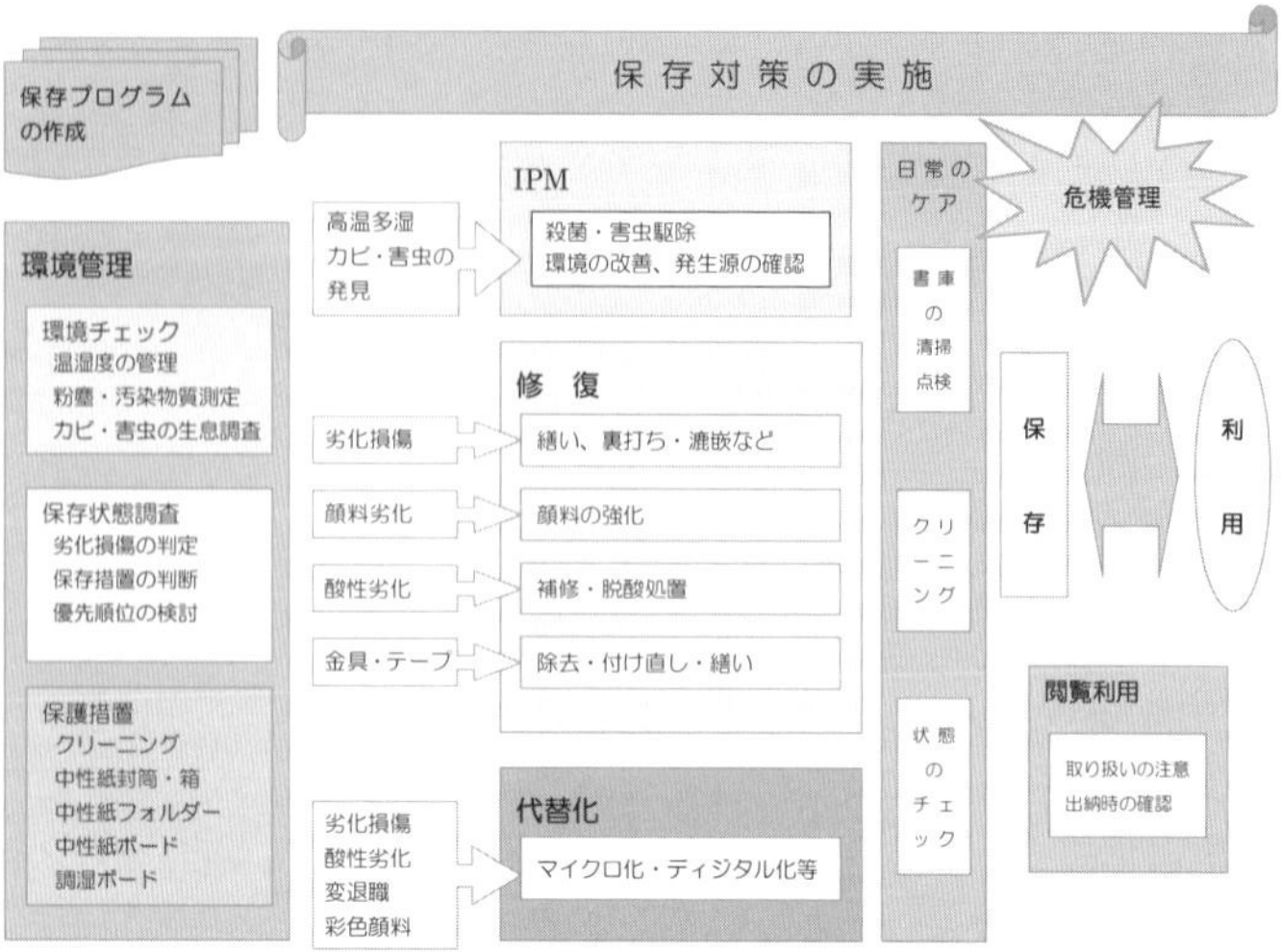

図１　アーカイブ保存対策フローチャート（金山正子作成）

肝心なのは所蔵機関がしっかりとした基本方針を示したうえで、長期的に外部業者も含めて活用していく姿勢が必要だということである。実際に筆者が業務として所蔵機関から修復の相談を受ける際に、資料保存について具体的に対等に協議をしてくれる保存機関側の保存担当者がいないことにとまどいを感じることは多々あるが、その場合は、他機関との比較のうえで所蔵機関の現状と将来的な見通しを勘案しながら、かなりの部分はこちらからの発想で提案をしながら業務を展開している。それが可能だったのは、国内外を含めた多数の所蔵機関の保存担当者との議論や技術研鑽を重ねてきた経験と、さらに、もとはといえば公文書館での業務経験と理論武装が根底にあったからこそだと思っている。また、公文書館で仕事をしていた頃、これくらいの保存処理は内部でできたら資料の保存も活用も数段と進むのにと思っていたことを、外部からではあるが具体的に支援したいという思いも少なからずあったからだ（図1　アーカイブ保存対策フローチャート）。

以上のようなアーカイブの保存に向ける想いを前提としてお話したうえで、アーカイブの修復って何するの？という話を進めていきたいと思う。

1　日本の古文書にみられる劣化症状とは？

修復の技法を紹介するまえに、一般的な日本の古文書、とくに手稿本といわれる部類の手書きの文書類によくみられる劣化損傷について少し説明しておこう。

日本の前近代（江戸時代以前）の古文書は、非常に安定した素材で構成されているといえる。中世から近世の記録資料（手稿本）は、靭皮《じんぴ》繊維である楮《こうぞ》繊維でつくられた和紙に墨で書かれているものが多い。楮は繊維の長さが平均一㎝と長く強靭で、さらに手漉き和紙は原料の靭皮繊維の白皮を木灰で煮て柔らかくするため、その製造工程でアルカリ性に調合され長期保存にも適している。またカーボンを原料として膠《にかわ》で調合されている墨も、経年による変質や変色をしにくい筆記材料である。保存環境が良ければ日本の古文書は千年以上の寿命があるといわれるゆえんである。

しかしながら、日本の古文書類の大敵は、東アジア特有の高温多湿な気候と害虫である。日本では六月~九月は雨も多く、温度三〇℃・湿度八〇%を超える日が続くことも多い。そのため日本の古文書類を保管している蔵では、この湿気と害虫から古文書を守るために漆喰の壁を厚くしたり高床にしたりして断熱や通気を保つなど、様々な工夫がなされてきた。しかし残念ながら、管理の手が行き届いていない地方に残されている近世文書の中には、湿気や虫食いで利用できないほど傷んだ文書が大量に残されている。

日本の古文書によくみられる虫害は、シバンムシによる虫損である(写真1シバンムシによる虫害)。シバンムシは、冊子などの重ねられた和紙の中に入り込

写真１　シバンムシによる虫害

み、縦横無尽にトンネルを掘りながら喰い進む。幼虫も成虫も文書の中で世代交代しながら食い進むので、甚大な被害を及ぼす古文書の大敵である。虫の排出物が固まって、板のようになり開けられない虫損文書も多い。また、表紙に糊が使われている典籍類は、シミが表面をなめるように喰っているものが多い。せっかくのきれいな料紙の和本や巻子の表紙が、シミに喰われてなくなってしまっては台無しである。また、他にも生物被害で損傷が甚大になるのは、ネズミの喰い損である。昔の日本の家屋は木造で、建物の中にある押し入れや、別棟の蔵や納屋に文書が収納されていた。押入れの奥などには、ネズミの巣の材料のために引きちぎられて破れた文書が取り残されていることがある。また、雨漏りによる水濡れの被害や、ネズミによる小便の染み・老《ふ》けも多くみられる。

湿気による害で気を付けないといけないのは、老けやカビである。和紙は繊維同士の水素結合によって一枚のシート状に形成されている。水分で膨張して結合のゆるくなった和紙がそのまま乾燥すると、繊維同士が結合せずにフワフワとした綿のような状態になる。さらに湿気に高温の環境が加わると腐食も進みやすく、老けた和紙は非常に薄く繊維が切れやすくなり、一枚ずつが剥離できない脆弱な状態となってしまうことが多い。また、和紙は湿気を含みやすく、高温多湿の環境下ではカビが生じやすい。湿気が滞留しやすい場所に置かれている和紙資料には、キツネ色の小さな斑点状の染み（これをキツネ＝ＦＯＸにちなんでフォクシングと呼ぶ）が生じていることも多い。

博物館や資料館の収蔵庫できちんと長期的な保存のための保管環境を整えてもまだ危険は潜んでいる。例えば、利用のために常温の閲覧室に出した資料を、利用後すぐに低温の収蔵庫に移動した際の急速な温度変化は紙の内部に結露を生じやすくし、さらに結露した文書をそのままにして保管するとカビの原因にもなる。温度差のある環境へ資料を移動させる場合には、資料を環境になじませるため中間温度の前室での慣らし期間が必要である。

2 紙資料の修復技術ってどんなもの？

まず、文化財修復の世界ルールともいえる保存修復の四原則をあげておこう。

1　原形の原則　資料のオリジナルの形状をできるだけ変更しないこと
2　可逆性の原則　修復前の状態に戻せる技術を適用すること
3　安全性の原則　資料にとって長期的に影響を及ぼさない材料と技法を適用すること
4　記録の原則　修復前後写真や処置内容などの記録を残すこと

この四原則を遵守しつつ処理内容が検討される。日本での古文書の修復方法について具体的に説明しておこう。少しマニアックな話が続くので、苦手な方はさっと読み飛ばしていただきたい。

①　**修復の道具と材料**　日本の古文書の修復家達は、和紙と糊を使って手作業で修復する昔ながらの方法をまず習得する。その際に使う刷毛や包丁などは、江戸時代以前から変わらない形状のものを現代も使っている（写真2　紙資料

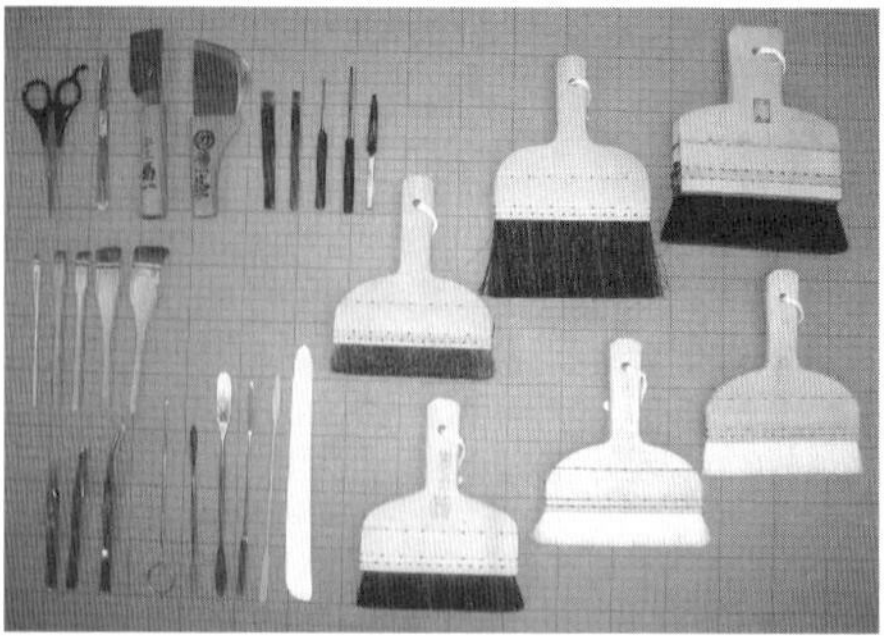
写真２　紙資料の修復道具

の修復道具）。そしてもちろん、世界的な基準である修復の四原則に留意しながら、資料にとって安全な材料と技法を選択する。とくに、糊は文書に直接触れるものなので、通常は安全性の確認できている伝統的な正麩糊《しょうふのり》（小麦澱粉糊）を使う。小麦澱粉糊は、濃いものは接着力が強いが、用途に応じて、水で適宜薄めて使用する。粉状のものが市販されており、粉１：水３の割合でよく溶き、火にかけて一五分程度煮ると半透明のゼリー状になる。それを水につけて冷やし、寒天状に固まったものを糊濾し器で濾してから刷毛でよく練り、用途により水で薄めて使う。布海苔《ふのり》は、海藻から抽出したもので、接着力が弱く、本紙の養生や仮留めなどの一時的な用途に使用する。洋紙の修復の際には、紙面の強化（リサイジング）などの用途には、メチルセルロースなどの合成的な中性糊を使うこともある。和紙は日本国内で生育した靭皮繊維で国内で漉いた和紙が修復には使われることが多い。東南アジア産の

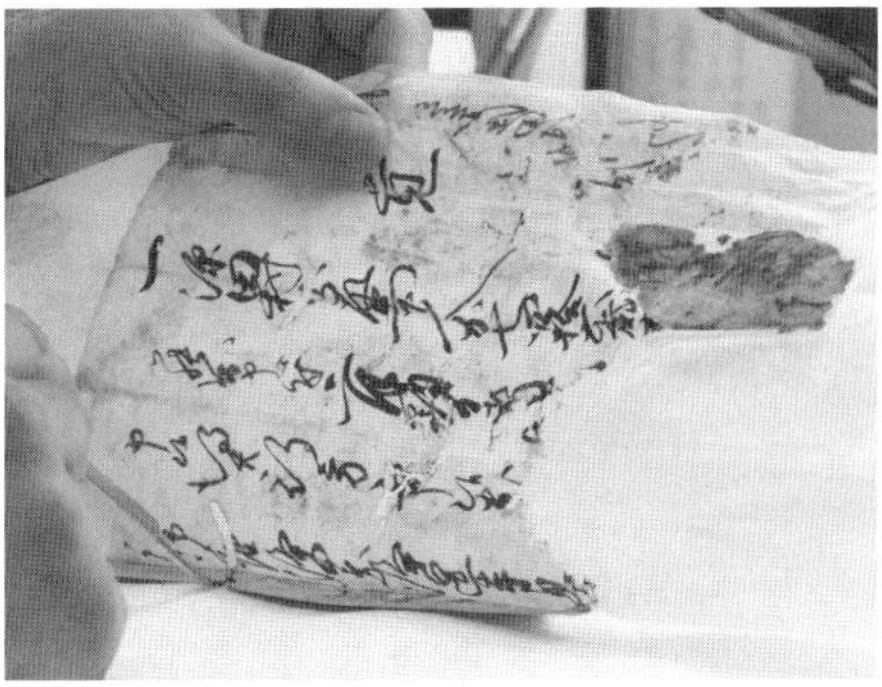

写真3　レーヨンペーパーで固着文書を剥離

楮などは脂肪分の多いものがあり、これを原料にして漉いた和紙は糊の染み込みが悪い場合もあるためである。

② **固着文書の剥離**　虫糞や糊などで本紙同士が固着している場合や、本紙が老けて脆弱になっている場合は、少しずつ本紙を加湿しながら固着を緩めて剥離することができる。水分を蒸気にして本紙に与えることのできるプリザベーションペンシルは、必要に応じて加温もでき、糊を緩めることができ、剥離作業には有効な道具である。しかし、このような機器がない場合は、レーヨンペーパーをつかって剥離作業を行うことができる。固着している本紙の上にレーヨンペーパーを重ね、その上から小刷毛で水を染み込ませ、本紙とレーコンペーパーをしっかり密着させ、水分を本紙に浸透させる。そのレーヨンペーパーでサポートしながら、本紙とレーヨンペーパーの表面張力を利用して、本紙を一枚ずつ（ロールの場合は外側の一面ずつ）剥離していく（写真3　レーヨンペーパーで固着文書

を剥離)。

③ **虫穴の繕い**　トレーサーなどのライティングテーブルの上に虫穴の開いた本紙をのせ、その上に透明なビニールシートをのせ、さらにその上に繕い用の和紙をのせる。下からの透過光を使い、繕い用の和紙に虫穴の形に合わせて水で線を引き、その水線に沿って喰い裂き(毛羽)をだして和紙をちぎり、虫穴の型をとった繕い和紙を準備する。その繕い和紙の周囲の毛羽の部分に糊を付けて、本紙の裏面から虫穴に合わせて貼り込んでいく。和紙の繕い紙は、毛羽だけでも虫穴を埋めてサポートできる強度を持つことができる。繕い紙は、本紙の紙の目に合わせて準備する。流し漉きで作られた手漉き和紙は、紙の短辺の方向に多くの繊維が縦向きに並んでおり、縦目と横目では湿潤したときの紙の膨張率が異なる。そのため紙の目を合わせておかないと、湿潤と乾燥の過程で、本紙と繕い紙の収縮が合わず皺が生じやすくなるためである。小麦澱粉糊はマヨネーズ程度の濃さで使用する。貼った後は、乾いた小筆で毛羽を整えて撫でつけ、重しをのせてしっかりと接着させる。文書に空いている虫穴がさほど多くはない場合は、あらかじめ五㎜幅程度の帯状

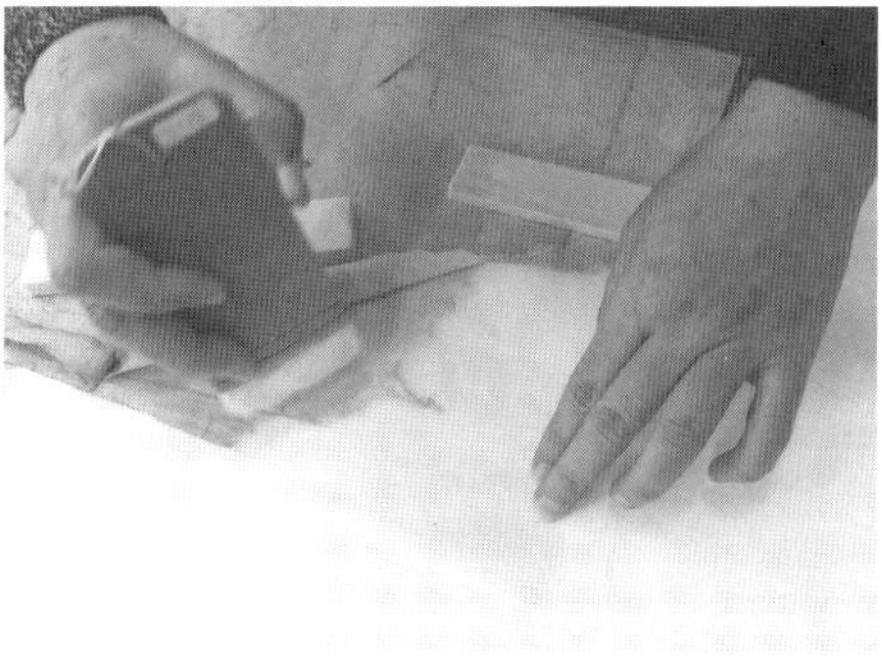

写真4　欠損箇所を和紙で補填

に細長くちぎった和紙を虫穴の大きさに合わせてちぎりながら糊をつけ、虫穴の裏面に貼っていく簡易な繕い方法がある。虫穴の向きに合わせて貼れるように、和紙帯は縦目と横目それぞれを準備しておく。虫穴が曲がっている場合は、帯状の和紙をつなぎながら貼り、虫穴をふさぐ。

④ **欠損箇所の補填**　本紙の欠損部分に、毛羽を出してちぎった和紙を補填する（写真4　欠損箇所を和紙で補填）。この場合も、本紙の紙の目と補填する和紙の紙の目は同じ方向で合わせる。和紙は本紙の種類に合わせて、質感も似た厚さ、簾の目、糸目のものを選ぶ。糊はマヨネーズ程度の濃さで使う。毛羽の部分に糊をつけて貼り、毛羽を整え、濾紙に挟んで重しをし、皺が入らないように乾燥させる。

⑤ **貼り継ぎ**　書状や巻子などの継ぎ紙の剥離箇所の接着には、細い範囲で糊を付けることのできる肉厚の薄い付け廻し刷毛を使用する。糊は少しの糊代《のりしろ》でも上下の本紙がしっかり接着

するように、濃い目のものを用意する。貼り合わせ位置を整えて、本紙が動かないように貼り合わせから少しずらして重石をのせ、貼り合わせの上の本紙を持ち上げて、下の本紙の糊代部分に糊を細くつけ、静かに上の本紙を重ねて押さえる。位置がずれていないことを確認してから、貼り合わせ箇所に重石をのせてしっかり接着させる。糊を付ける際に、下側の本紙の上下にビニールシートを使い糊代部分だけをずらしてマスキングすると、糊を余分にはみ出さずに付けることができる。

⑥ **裏打ち**（投げ裏打ち） 裏打ちする糊は、小麦澱粉糊をできるだけ薄めて（米の砥ぎ汁程度）使う。和紙同士の裏打ちは、糊の接着力だけではなく、繊維同士の絡み合いで接着できるからである。また、できるだけ薄い糊を使うことで、乾燥後の糊による硬化も最小限におさえることができる。裏打ちに使う和紙は、本紙よりも薄いものを選ぶ。まず裏打ち紙に糊刷毛で薄めた糊を引き、均一に染み込ませる。次に掛け竹（まっすぐな平たい棒、定規等でも代用できる）に糊を引いた裏打ち紙の一辺をくっつけて持ち上げ、表裏を反転させて糊のついた面を下側にして、裏向きに作業台の上に置いた本紙の上にのせ、

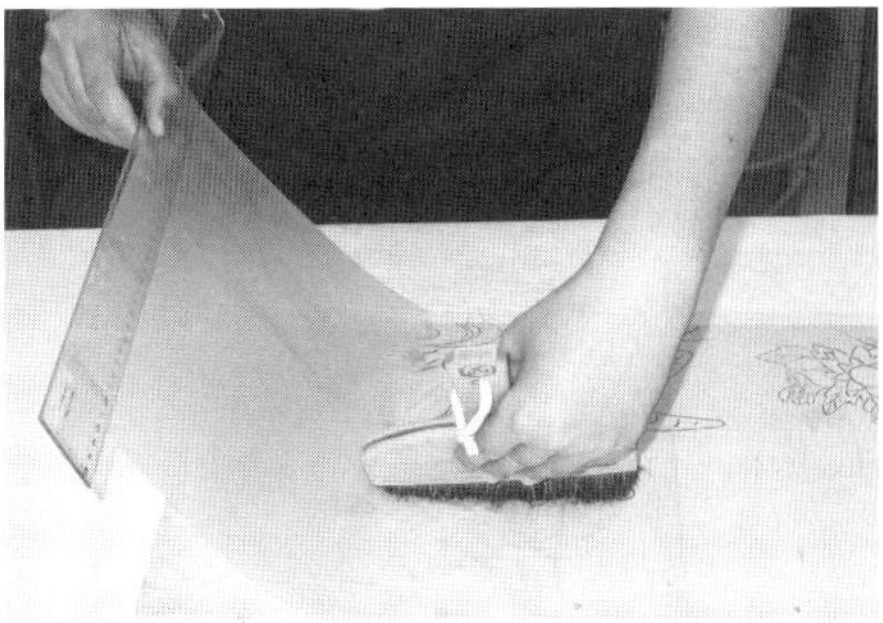

写真5　裏打ち作業

撫刷毛でよく撫でつける（写真5　裏打ち作業）。さらに必要があれば、打ち刷毛でまんべんなく叩き、本紙と裏打ち紙をしっかり接着させる。裏打ちした本紙は濾紙で挟むか、仮張り板に周囲を糊付けして貼りつけて乾燥させる。上手に投げ裏打ちをするコツは、掛け竹で裏打ち紙を持ち上げた時に、裏打ち紙に波打ち（フレア）が入らないように掛け竹に引っ掛けた一辺をまっすぐ整える。そして、糊のついた面の一辺を本紙の裏面に重ねたら、スムーズに静かに裏打ち紙をのせ、皺が入らないように刷毛で撫でつける。

⑦　**漉嵌**（すきばめ）　全体的に虫損が甚大で、手繕いによる修復が困難な場合は、ウェットな状態で和紙繊維を補填する漉《すき》嵌《ばめ》法による修復という選択肢がある。漉嵌は造語で、「紙を漉くのと同様の原理で、欠損部分に和紙繊維を嵌め込んで結合させる」技法という意味合いから命名している。海外でも同じくパルプ繊維を欠損部に補填する同様の技法が旧ソビエト

写真6　漉嵌作業

連邦発祥でEU圏を中心に開発されており、リーフ・キャスティングという。いずれも水に分散させた紙の原料となる繊維を準備し、サクションテーブル（吸引台）に裏向きにセットした本紙の上から流し込み（写真6　漉嵌作業）、吸引力を利用して欠損部分に繊維を補填する。よく水を切ったあとに不織布でサンドイッチされた本紙と補填された繊維を濾紙に挟んで自然乾燥させるのだが、この乾燥の過程で、本紙の繊維と補填した繊維が水素結合で一枚のシートに仕上がる。ほぼ欠損部分にのみ繊維が補填されるので処理後の厚さが増さず、また糊を使用せずに繊維同士の結合で欠損補填されるため、しなやかに仕上がるのが特徴である（図2　漉嵌の原理図）。処理後が劇的にきれいに仕上がるので、パフォーマンスとしても一見の価値ありという技法である。しかし、処理には多量の水を介在させるので、記録材料の滲みやへら跡の消失等には特に注意を要することと、また

強制吸引式の漉嵌法

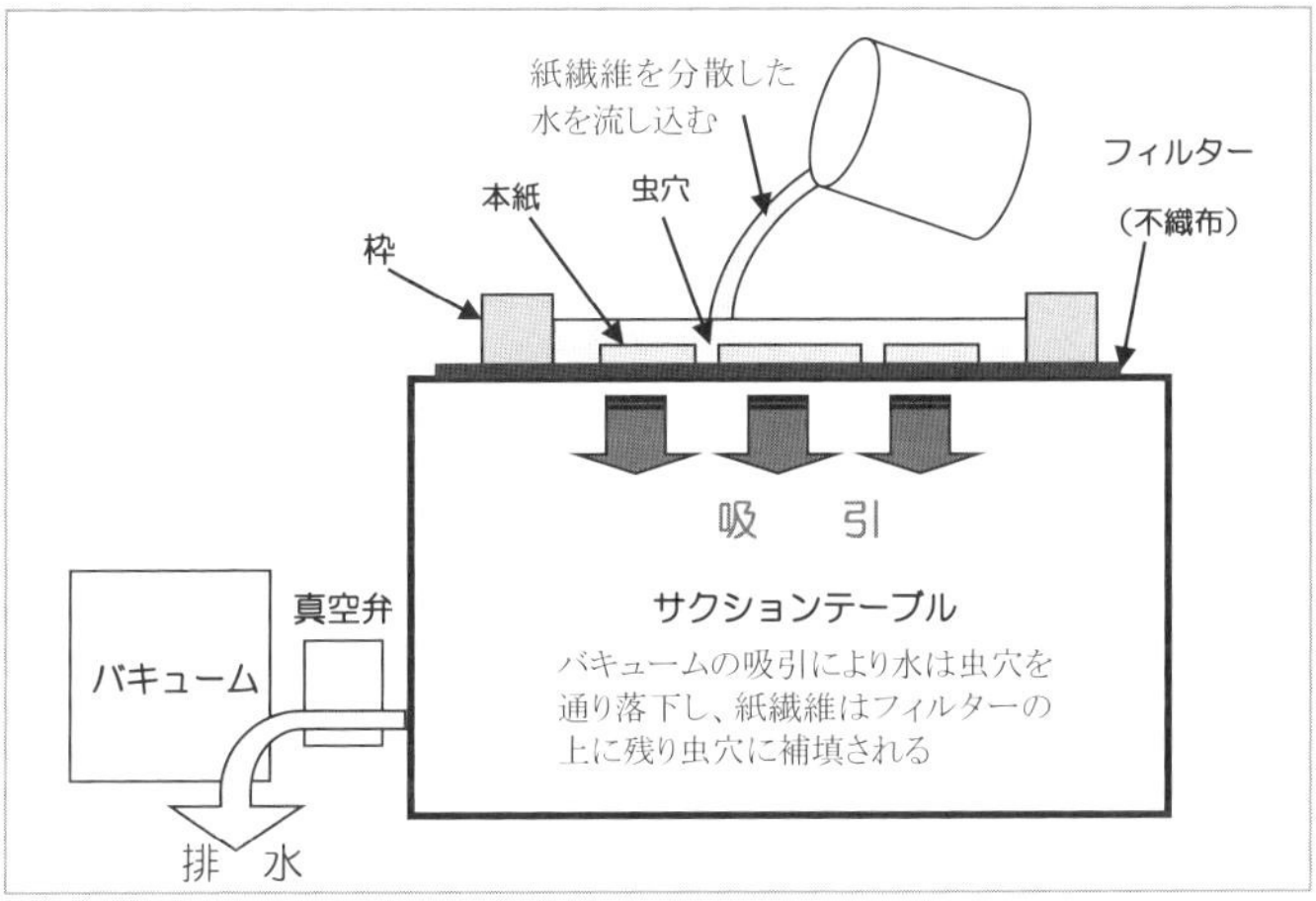

処理後

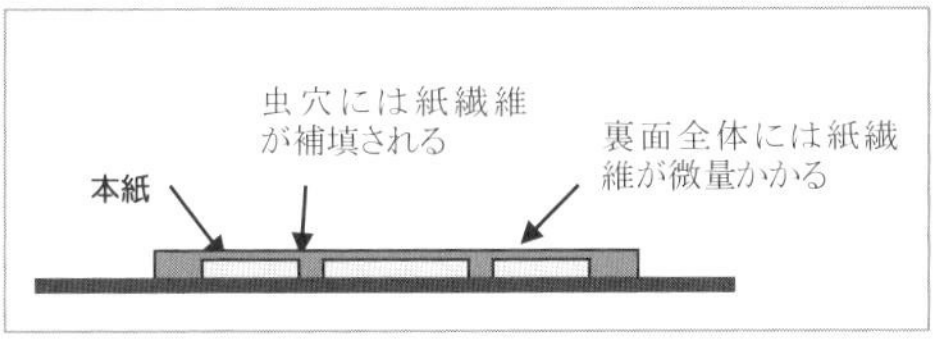

図2　漉嵌の原理図

古色の洗いを望まないものへの適用は避けたほうがよい。

⑧　**仕立て**　古文書の冊子は、和紙を縒って作った紙縒《こよ》りや麻糸などで綴じられた比較的シンプルな形態をしている。これらは用途によって竪折りや横折りなど大きさや形態も異なり、いろいろな綴じ方が用いられている。紙縒りや綴じ糸は、修復時にはすでに切れて摩耗していることが多いので、元の紙縒りとほぼ同じ太さになるように手作りで撚り合わせて新調する。漉嵌や裏打ちした本紙には、元の綴じ

写真７　竪帳の仕立て作業

穴と同じ場所に目打ちで小さな穴をあける。この小さな綴じ穴に通すために、先が針のように尖ったシャープな紙縒りを作る練習をしなければならない。石州和紙を幅一五㎜程度の帯状に裁断し、その帯和紙を端から縒《よ》って紙縒りを作る。本紙の綴じ穴を揃えて、その綴じ穴に紙縒りの端を突き刺し、重ねた一冊分の全丁に紙縒りを通し、裏表紙側で結び、余った紙縒りは長さを揃えて切断する（写真７　竪帳の仕立て作業）。古文書は用途によっていろいろな形態の冊子があり、修復者は古文書学的な知識をもって形状の復元に取りかからなければならない。

また、表紙が付いている「和本」の形態のものは、本紙を重ねて紙縒りで中綴じしたものの外側に、料紙を使って仕立てた表紙を絹糸で綴じたものである。この綴じの絹糸は劣化すると切れやすいが、綴じ糸が切れた場合は、中綴じはそのままにして、表紙だけを綴じ直せる。表紙は消耗品と考えて、古くなったら表紙だけ新しく付け直すというリサイクル方式で、和本は使い続けることができる。

3 まずは健康診断をしてから処置方針を決める

アーカイブで保存されている大量の記録資料の保存措置に関する計画を策定するには、まず資料の劣化傾向を群としてとらえる状態調査を行う。いわば、どのような病気にかかりやすい傾向があるのかを知るための全校生徒を対象とした健康診断を行うのである。とは言っても、いきなり数十万点もある資料の状態をすべて個々に診断していたのでは、それだけで数年の時間と多くの予算を消耗してしまうかもしれない。そこで、無作為に対象となる資料を抽出してサンプリング調査をし、そのデータを比較することで、各学年や各クラスの健康状態の傾向を把握する。そして緊急性や利用頻度なども検討しながら全体の中での優先順位を決めたうえで、グループごとに保存措置を順番に実施していくのである。状態調査で診断する劣化項目については、調査の目的と調査対象となる資料群の素材を検討し、最小限のデータで有効な結果が得られる項目を設定していく。参考として状態調査票の一例（図3）を提示しておく。

さらに、劣化度を判定する際には、将来的に必要となる修復項目が選択できるようにチェックしていく。その目安として、劣化の度合いに合わせて修復方法を選定する基準を決める。まずは、文書一点ごとに全体的な状態を劣化レベル「0」「1」「2」「3」の四段階で判定する。修復要否の目安としては、レベル「0」は劣化損傷がみられず状態の良いもの、すなわち修復の必要のないもの、レベル「1」は部分的に虫損や老けがみられるが注意すれば利用には差支えのないものとして当面は処置を施さないもの、レベル「2」は虫損やフケが全体的にみられ早急に繕いや部分裏打ちが必要なもの、そしてレベル「3」はそのままでは利用することができないほど傷んでいるもの、利用のためには解体修復や全体裏打ちなどが必要なものという具合である。さらに、必要に応じてレベル「3」から技術的に高度な修復が必要なものは、レベル「3'」として

〇〇〇〇〇館所蔵資料保存状態調査票　No.

資料番号	ー　ー	作成年代	昭和　年（　）・年未詳						
資料名						保管場所	収蔵庫・展示室		
寸法	X　mm × Y　mm × Z　mm			数量	点	枚数	枚	紙厚	mm
形態	1. 一紙　2. 葉書　3. 書簡　4. 手帳　5. ノート　6. 新聞　7. その他（　）								

支持体	[　] 1. 和紙　2. 上質紙　3. 中下級紙　4. 布地　5. 樹皮　6.その他（　）		
	[　] 1. 和紙　2. 上質紙　3. 中下級紙　4. 布地　5. 樹皮　6.その他（　）		
記録手法	[　] 1. 墨　2. 鉛筆　3. インク[　] 4.謄写版　5. 印刷　6.水彩　7.その他（　）		
	[　] 1. 墨　2. 鉛筆　3. インク[　] 4.謄写版　5. 印刷　6.水彩　7.その他（　）		
貼紙	0. 無　1. 有（付箋　貼紙　その他 [　] ／ [　]箇所 ／ 剥離　0. 無　1. 有）		
留め金具	0. 無　1. 有（ｽﾃｰﾌﾟﾗｰ　針金　その他 [　] ／ [　]箇所 ／ 錆　0. 無　1. 有）		
付属品	0. 無　1. 有（封筒・箱　）	付属品寸法	x　mm × y　mm × z　mm

資料の劣化状況					劣化の特徴（メモ）
A 全体の状態	0. 優	1. 良	2. 可	3. 不可	
B 虫損	0. 無	1. 弱	2. 中	3. 強	
C 汚損	0. 無	1. 弱	2. 中	3. 強	
D 本紙茶変色	0. 無	1. 弱	2. 中	3. 強	
E 染み	0. 無	1. 弱	2. 中	3. 強	
F カビ	0. 無	1. 弱	2. 中	3. 強	
G 腐食・腐敗	0. 無	1. 弱	2. 中	3. 強	
H 亀裂	0. 無	1. 弱	2. 中	3. 強	
I 硬化	0. 無	1. 弱	2. 中	3. 強	
J 破損	0. 無	1. 弱	2. 中	3. 強	
K 欠損	0. 無	1. 弱	2. 中	3. 強	
L 磨耗	0. 無	1. 弱	2. 中	3. 強	
M 湾曲・変形	0. 無	1. 弱	2. 中	3. 強	
N 皺・折れ	0. 無	1. 弱	2. 中	3. 強	
O 剥離・接着不良	0. 無	1. 弱	2. 中	3. 強	
P 顔料剥離・剥落	0. 無	1. 弱	2. 中	3. 強	
Q 文字の変褪色	0. 無	1. 弱	2. 中	3. 強	
R 粘着テープ痕	0. 無	1. 弱	2. 中	3. 強	
S その他	（　）				
T その他	（　）				

耐光性　1. 強　2. 弱　（光に弱い部位：彩色 ・ インク　）	紙の表面のpH値測定 測定箇所[　] pH . 測定箇所[　] pH .
強度（脆弱度）1. 強　2. 弱　（衝撃に弱い部位：　）	
その他注意点 （　）	インクFe試験 測定箇所[　] ＋ － 測定箇所[　] ＋ －

過去の補修　0. 無し　1. 有り（　）

その他の特徴（外見の特徴）

調査日	2018. .	記入者	

（公財）元興寺文化財研究所 2018

図3　状態調査票の例

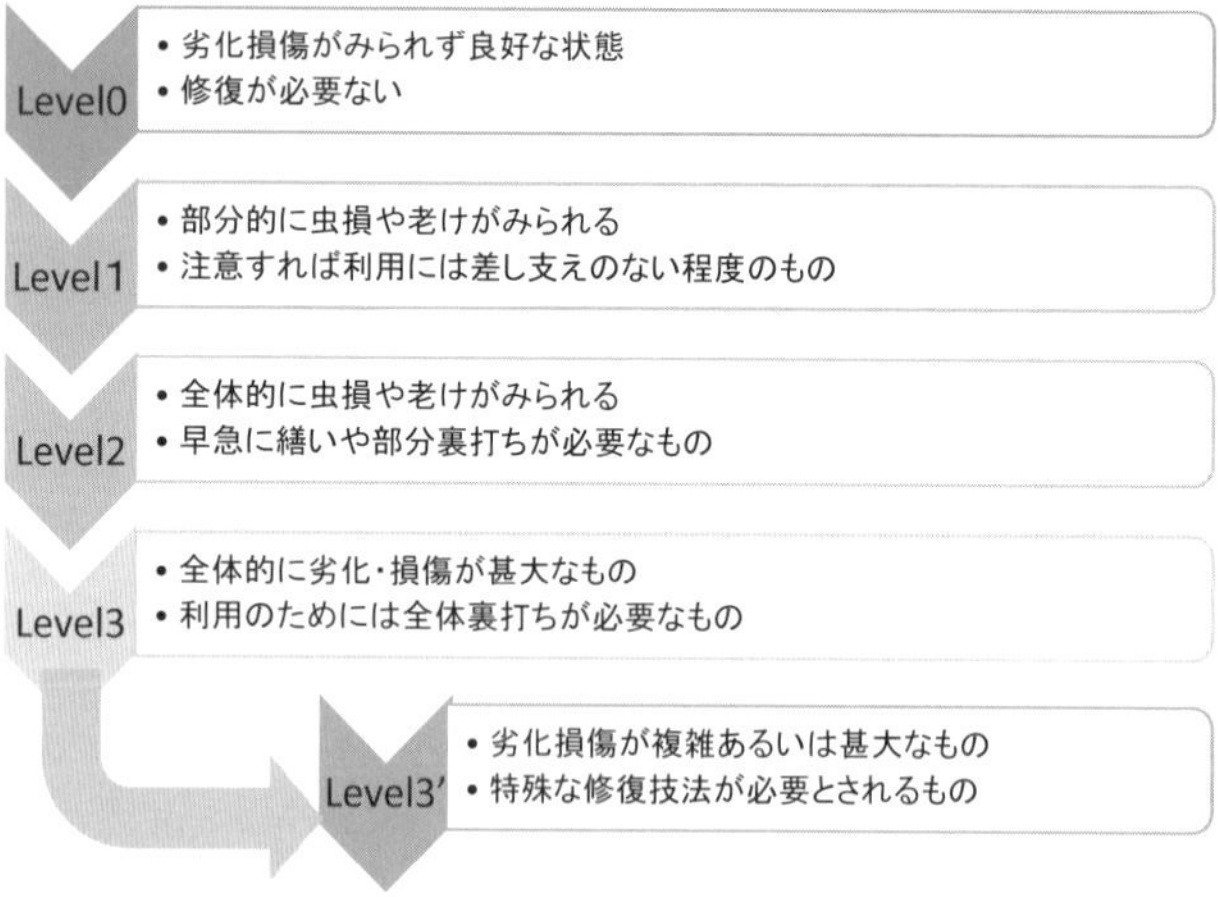

Level	内容
Level0	・劣化損傷がみられず良好な状態 ・修復が必要ない
Level1	・部分的に虫損や老けがみられる ・注意すれば利用には差し支えのない程度のもの
Level2	・全体的に虫損や老けがみられる ・早急に繕いや部分裏打ちが必要なもの
Level3	・全体的に劣化・損傷が甚大なもの ・利用のためには全体裏打ちが必要なもの
Level3'	・劣化損傷が複雑あるいは甚大なもの ・特殊な修復技法が必要とされるもの

図４　劣化レベル判定基準の例

抽出しておくと、漉嵌や他の特殊な技法が必要な場合の業者選択にも有効なデータとして使える（図４　劣化レベル判定基準の例）。

さて、紙の劣化を診断する有効な方法は、じつは「官能試験」という人間の目で見て手で触って鼻で臭いをかいで判断するという五感をフルに使った診断なのである。記録資料として使う支持体である紙に求められる強さは、引っ張り強さや引き裂き強さや摩擦係数などのような測定値では表しにくい。たとえば「薄くて引っ張り強さはなくても、ちゃんと長持ちしてしなやかな紙」というと、昔から日本の役所でカーボン複写用に使われてきたとても薄い和紙の罫紙を思い浮かべる方も多いだろう。この和紙罫紙は、湿気を含むとフォクシングが生じやすいが、劣化はしにくく支持体としての機能には優れた素材である。反対に、いわゆる「ザラ紙」といわれる下級の洋紙は、原料である木材に含まれる不純物を多く含んでおり、さらに印刷インクの滲み止めの定着剤として使用された酸性の薬品の影響で、硬化や亀裂などの酸性劣化が進みつつある。酸性劣化への措置が必要かどうかを判断するデータとして、紙の表面の酸性度を測定するpHメーターで各種類の用紙を測定しておくと、将来的に酸性劣化への予防対策を講じるための計画を策定する際にはそのデータが有効となる。

4 じつは近現代の記録資料が危ない！

江戸時代以前のおもに和紙と墨を素材としている古文書に比べると、明治以降の近現代資料には様々な多様な記録素材が使われるようになる。人間の生活が明治維新以降の産業開発により新たな生活用品が増え激変したように、記録

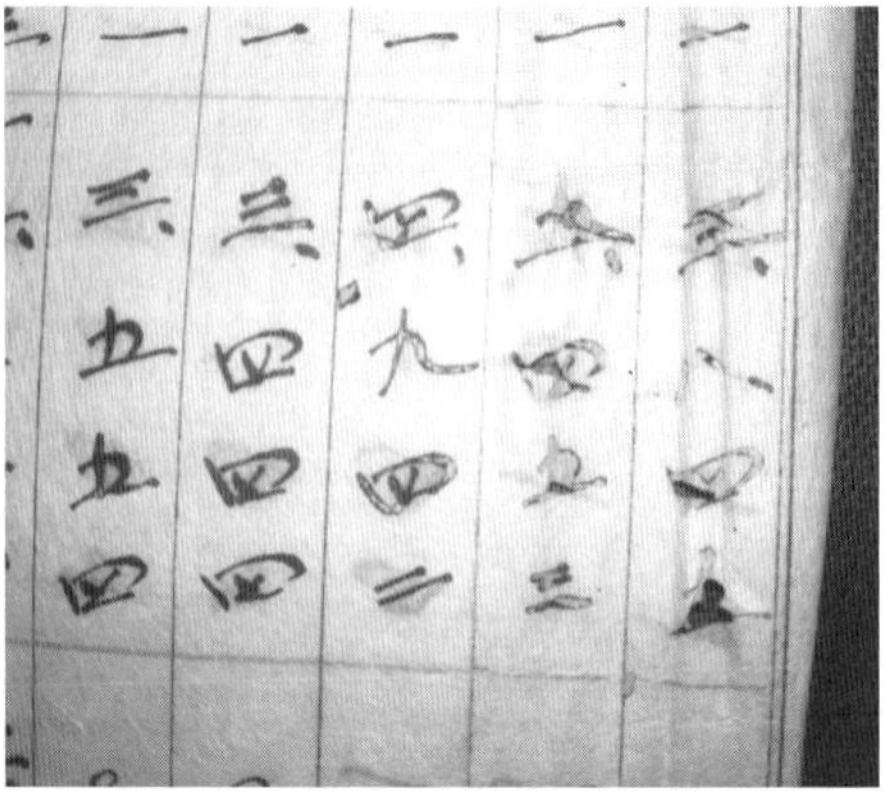

写真8　インク焼けの症状

材料も洋紙の製紙技術が海外から導入され、またブルーブラック・インクなどの新しい筆記材料をはじめ、合成的に製造された絵の具などが使われ始める。明治期以降に国内でも使用され始めたブルーブラック・インクなどの没食子《もっしょくし》インク（Iron gall ink）は、タンニンと鉄成分の反応による黒色化を利用したインクで、配合のバランスが悪いと鉄成分が腐食現象を起こして抜け落ちるインク焼け（ink-corrosion）という劣化症状を生じる（写真8　インク焼けの症状）。現在は、鉄イオンがアクティブなものには、薬品による抗酸化処理などの予防的措置が可能になっている。また、合成顔料の中には経年や紫外線の影響で変褪色しやすいものも多く、保管管理には高温高湿を避け遮光をするなどの注意を要する。

　また、国産の洋紙が第二次世界大戦下の原料供給制限により質が低下し、この時期の公文書簿冊などはとくに硬化や亀裂などの酸性劣化が顕著にみられることは知られるところである。さらに、昭和三〇年代以降の複写機器の開発により多量に作成された湿式コピー、ジアゾコピー（青焼き）、ブループリント（青図）などの複写資料や、一世代前のファックスに使われていた感熱紙などは熱や紫外線に弱い。とくに湿式コピーは全面が銀鏡化して、情報が判読不可能な状態になってしまっていることもしばしばみられる。そして、これらの複写資料が今は唯一現存する資料として、永年保存されているアーカイブにも多く含まれているのが現実である。

また、アーカイブに保存されているのは紙資料だけではない。現に、各地のアーカイブには様々な行事での記念品やご当地キャラクターグッズなども収蔵庫に収められている。しかし、これらに積極的な劣化予防対策が講じられているわけではない。近年は博物館でもセルロイド製品やプラスチック製品などの近現代資料の急激な経年劣化については懸念されてきているので、アーカイブ業界もモノ資料については、博物館や保存科学関係の業界との連携をとりながらその動向を把握しておく必要があるだろう。

5　出土した一五〇年前の炭化アーカイブを救う！

旧家の蔵に保管されている古文書が大量に発見されることはよく聞く話だが、発掘現場で掘り下げた地下の穴蔵から大量の古文書が炭化した状態で発見されたという世界でも稀有な事例を紹介しよう(2)（写真9　出土炭化文書の発掘場所）。

近世の江戸の町は木造家屋が多く、一度火事が発生すると類焼することも多かった。屋敷内の地下蔵に保管されていた大量の古文書が、屋敷の類焼で土砂に埋もれ蒸し焼き状態となり、なんと現代の発掘調査の際に真っ黒に炭化して出土したのである。穴蔵床面の層から取り上げられた水浸した炭化文書は、二m×二m×厚さ二〇cmほどの量でコンテナ二五箱分にもなった。そのほとんどが手書き文書で、表紙に「日記」という文字が確認される御用留や書状類などであった。発掘場所は東京築地界隈の「明石町」、江戸時代の地図をみると大名の御用屋敷が建て並ぶ東京ベイエリアの埋め立て地域である。発掘した半地下の穴蔵の位置は、江戸後期には豊後岡藩中川家の上屋敷があった場所で、ここ

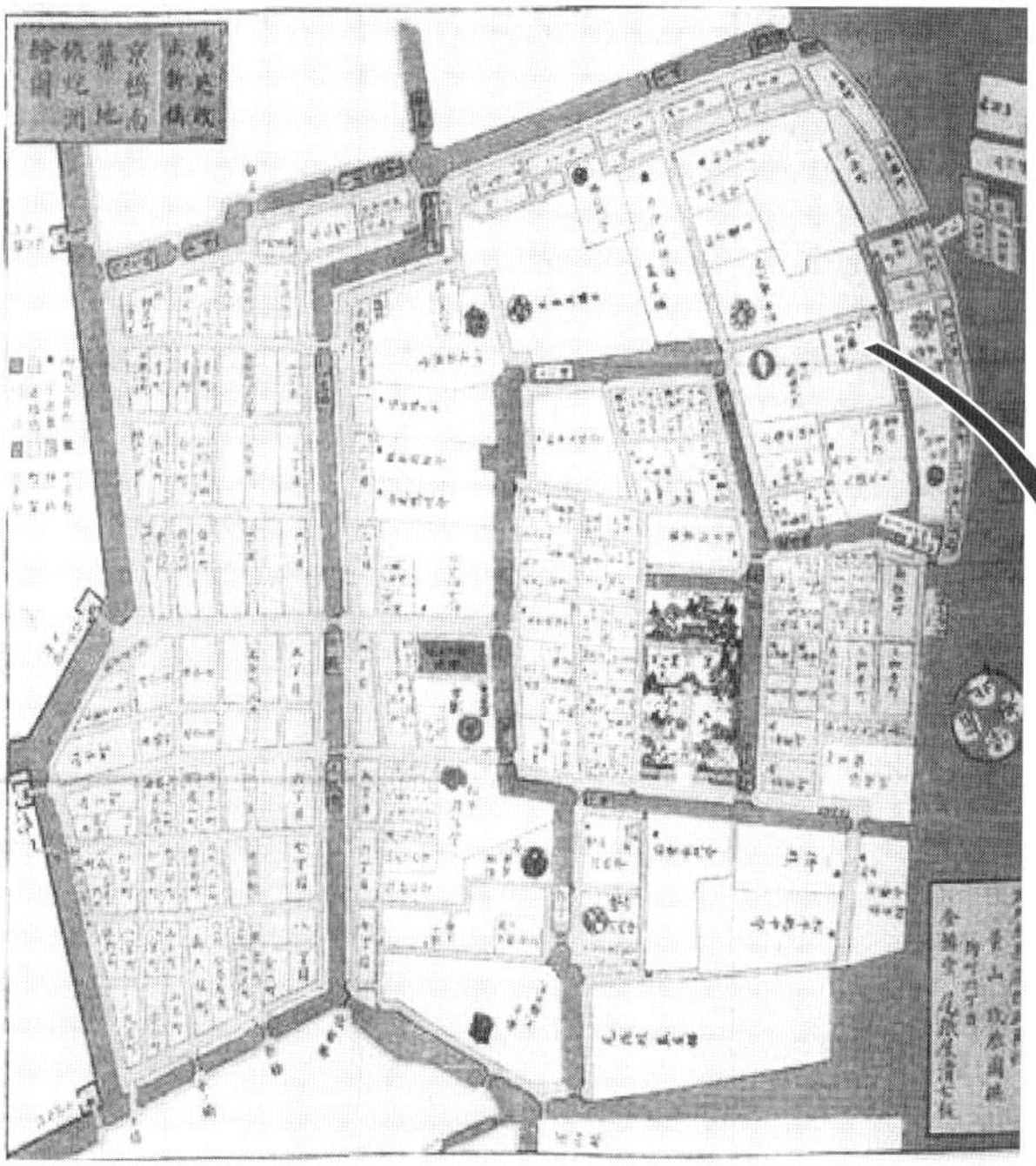

京橋南築地鉄砲洲絵図（文久元年）

炭化した文書

江戸時代の御用屋敷跡の穴蔵の発掘現場から、大量の炭化した古文書が出土した。
（２ｍ×２ｍ×20cm）

写真９　出土炭化文書の発掘場所

は慶応二年（一八六六）の江戸大火により類焼している。つまり、出土した大量の埋蔵炭化文書は岡藩上屋敷の業務日誌類で、まさに江戸時代のアーカイブが一五〇年近くも土の中に埋まっていたというわけだ。

この炭化文書の保存処理は、これまで本章で説明してきた通常の古文書の修復技術だけでは一筋縄では進まない。まず薄冊と思われる塊りの外側の泥汚れを流水で洗い、いったん一冊ずつとおぼしき塊ごとに熱伝導率のよいアルミホイルに包み、すべてを低温凍結した。あまりにも大量に出土したため、保存処理の予算が廻せたのは出土したうちのごく一部である。凍結した保存処理対象の炭化文書を小型冷凍庫ごと美術専門車のトラックに搭載し、陸路処理をする奈良県へ輸送した。そして真空凍結乾燥機（バキューム・フリーズ・ドライ）に入れて、一冊ずつ乾燥作業に着手した。バキューム・フリーズ・ドライとは、真空環境では水は存在できず、氷は気化する原理を利用した乾燥機で、出土木製品の樹脂含浸処理などに常用している。予備凍結した冊子を密閉性の高い容器であるデシケータに入れ空気を引き真空状態にすると（必要に応じて加温する）、頁同士の間の薄い氷の層が気化して空気の層になり、乾燥後の紙同士が固着す

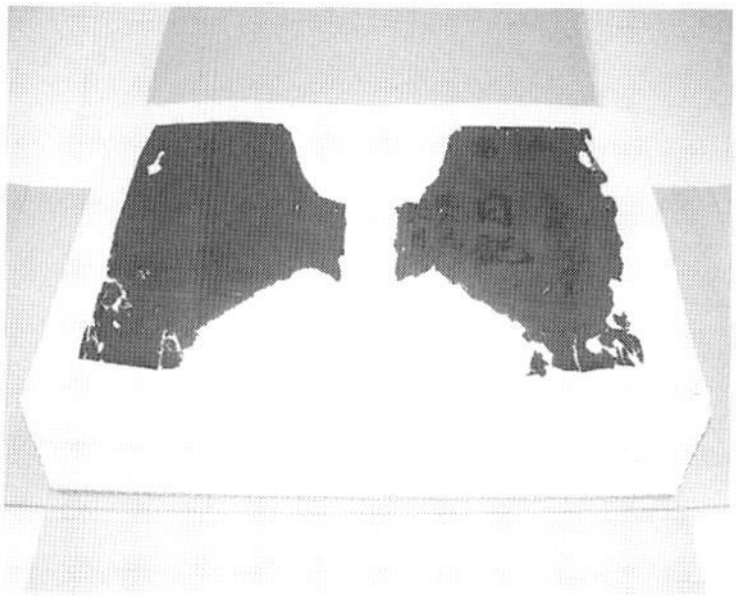
写真11　処理後の御用日記

写真10　乾燥した炭化文書の展開作業

ることなく開くことができる（写真10　乾燥した炭化文書の展開作業）。乾燥した本紙は炭化して元よりも非常に薄く一回り小さくなっているが、そのミルフィーユ・パイのような本紙を一枚ずつ割れないようにそっと持ち上げ、左右に開いた一枚ごとに漉嵌法で強化した（写真11　処理後の御用日記）。

処理後の真っ黒な文書は、炭化した和紙のうえに書かれている墨の文字が、ほんの少しの反射の違いで肉眼でも判読可能である。さらにデジタル化して画像処理でコントラストを強調することで、写真画面でも文字の判読が可能となった。処理方法としては成功したが、実のところまだたくさんの炭化文書が冷凍されたまま眠っている。この手つかずの凍ったままの古文書類にも、いつか光があたることを期待してやまない。

バキューム・フリーズ・ドライ法は、水害で被災した文書の乾燥処理でも活用される。これは一九六六年のアルノ川の人洪水によるフィレンツェの水害後に現地に赴き記録遺産の修復を指揮したピーター・ウォーターズ氏（米国）らによってマニュアル化された方法で、日本でも火災や水害で被災した資料の処置に適用されている。

6　絵図面の貼紙に隠れていたランドスケープ

絵図面はビジュアル的に昔の様子をみることのできる資料として、展示などでも人気の高い資料である。大きな絵図面は貼り継いで大きくした和紙に描かれており、幾重かに裏打ちされていることも多い。江戸時代の多くの絵図面は、中央の幕府の指令に基づいて地方の行政機関によって作成される。大がかりな絵図面を作成するのには手間と時間がかけられるため頻繁に作られるわけではない。そのため、作成された当時から地形や町割りが変化した場合には、別紙に新しい図面を描いて該当箇所の上に変更部分が貼り付けられており、変化の多い区画は何枚もの貼紙が貼り重ねられていることもある。

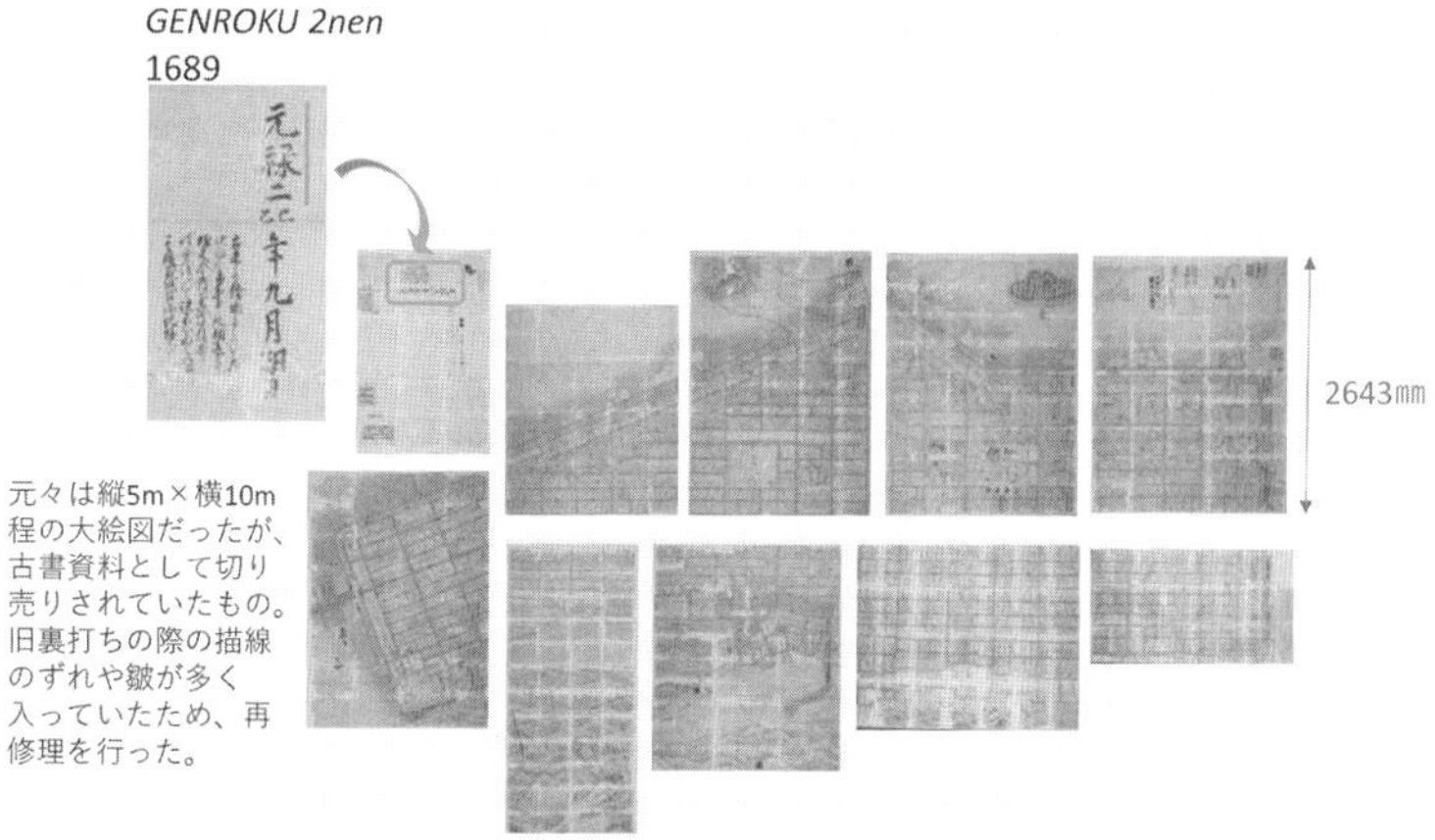
GENROKU 2nen
1689
2643㎜
元々は縦5m×横10m程の大絵図だったが、古書資料として切り売りされていたもの。旧裏打ちの際の描線のずれや皺が多く入っていたため、再修理を行った。

写真12　分割された元禄二年堺大絵図

ここで紹介する「元禄二年堺大絵図」[3]の場合は虫損が多く、すでに一〇分割に裁断して裏打ちが施されて保管されてきた（写真12　分割された元禄二年堺大絵図）。しかし旧裏打ち紙にも皺や歪みが多くみられたため、購入した博物館により解体修復が選択された。まず加湿しながら貼り重ねられている旧裏打ち紙をすべて剥離し（写真13　旧裏打ち紙の剥離作業）、さらに本紙の糊継ぎを剥離して分割し、本紙に貼り重ねられている貼り紙を剥がしてから、本紙の虫損を漉

写真13　旧裏打ち紙の剥離作業

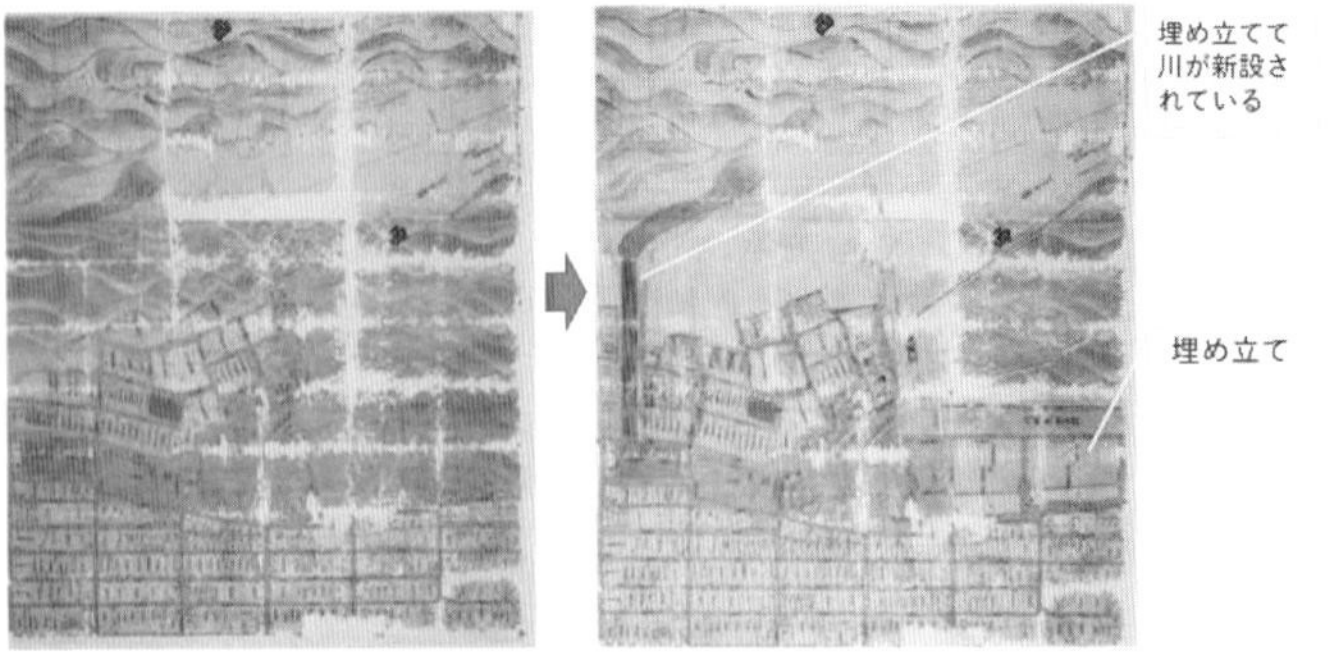

貼紙を貼り戻す前　　貼紙を貼り戻した後

写真14　貼紙の貼り戻し前と貼り戻し後

嵌法（139－141頁参照）により補修をした。そして分割した本紙をそれぞれ補修したあとは、また元通りの形に貼り戻して、全体に新たに裏打ちを施す。このような修復の過程においては、通常は見ることのできない貼り紙の下や、裏打ちされた本紙の裏面をみることができる。そして、そのような場所に歴史的な時系列の中で埋もれてきた情報が隠されていることもあるのだ。

写真14は修復中の堺大絵図の貼り紙の有無を比較したものである。貼り紙を剥がした状態（左）と貼り紙を貼り戻した状態（右）を見比べると（写真14　貼紙の貼り戻し前と貼り戻し後）、堺の沿岸部の埋め立てや川の増設の様子などがよくわかる。このようなビジュアル情報は、関連する記録情報とリンクさせながら研究することで当時のランドスケープの変化もさらに解明できる情報である。今後は利用者が活用できるように、順番にめくりながら貼り紙の下もみれる工夫を凝らし

仕立てている。

7 バチカンでも活用される日本の古文書修復技法

和紙は非常に万能で、いまや紙資料だけではなく革装丁された洋書や繊維製品など文化財全般の修復に欠かせない材料となっている。また、日本の屏風や掛け軸などの伝統修復の技術についても、世界的に高い評価を得ている。いっぽう、古文書やアーカイブの修復の場合は、さほど複雑ではない技術の組み合わせではあるが、個々に判断が必要とされ、限られた時間内で大量の処理をこなすことが求められる。どちらかといえば地味な修復のイメージがあるが、その日本の古文書修復の技術がバチカン図書館で導入され、ＥＵ圏に広く紹介された。

対象となったのはバチカン図書館で再発見された一万点以上に及ぶ日本のキ

リシタン文書である「マレガ文書」である。筆者も二〇一四年五月から数回に渡り、マレガ文書の修復計画の立案と実施への協力のために、すでに稼働していたマレガ・プロジェクト[4]の調査メンバーに加わって現地に赴いた。現在、日本とバチカン図書館との協定においてデジタル公開事業が進行中の未公開資料のため、写真や作業に関する具体的紹介は控え、バチカン図書館修復研究室責任者であるアンヘラ・ヌーニェス＝ガイタン氏の発表済み文献（「マレガ神父収集文書の整理と保存――バチカン図書館と日本による共同調査と交流」）からの引用にとどめて紹介をしよう[5]。

◆バチカン図書館で大量の切支丹文書が発見！

「「フォンド・マレガ」は、二〇一一年三月にバチカン図書館で再発見された。A書庫で見つかり、その時点では、一九六四年にラテン部門のスクリプトール〈書記官 scriptor latinus〉であったローラン神父が割り振った二一袋に分割されていた。最初の作業は、二一袋の配列に配慮しながら、特殊なプラスチック製の袋の中に対象物を入れ、予防的措置を施しつつ、（窒素を使った殺虫用）無酸素システムを用いて、すべてのアーカイブズ・フォンド〔資料群全体〕の消毒処置を行った。」

◆バチカン図書館と日本で修復方針を検討する

「修復作業は、次の段階であるアーカイブズ・フォンド全体のデジタル化を実施するにあたっての予備作業となり、取り扱い時の安全性と高品質の画像を保証する。」（中略）「0は損傷のないもの、1は軽度の損傷で作業の必要がないもの、2はデジタル化の前に、ある程度の修復作業が必要となるもの、そして最後の3は触れるだけであっても、事前の修復作業が必須のものとなる。損傷段階1に分類された対象物に注意を向けつつも、修復作業の目的とは、古い対象物を作成された時点まで戻し、ある意味で「新しく」するという考え方に基づくものではないということを強調しておきたい。そうではなく、歴史的な出来事が対象物にもたらした傷跡をも尊重しつつ、できるだけ長く利用できるよう、最小限の処置を施すことなのだ。なぜならこうした事柄は、歴史的な情報を伝えているもので、それらは研究され、解釈されうることであり、またそうでなくてはならないからである。日本からの作業グループの面々も、修復でのこうした取り組み方で一致していて、「同じ言語で会話する」ことが可能であった。」（中略）「われわれが処置を行わねばならない日本のアーカイブズ・フォンドに関して、物質学や書籍学的観点から関連研究を明確に理解しなければならなかったため、マレガ文書の修復を目的とした特別な研修が必要となった。」（中略）「三週間の修復に関する専門家同士の交流などの素晴らしい機会に恵まれた。三週間という期間は、短く感じるかもしれないが、すでに基礎教育を受けた修復士同士がやり取りをしたため、教える側も、教えられる側も迅速に事が運んだ。彼女たちが日本に戻った後も、バチカンの修復士たちは、デジタル化の前にすべてのアーカイブズ・フォンドを修復し続け、現在もそれを継続している。」（中略）「現在のバチカン図書館の建物が開館した際、レオ一三世は、次のような考えを述べた。「歴史というものを自覚し、研究活動に配慮する教会は、［中略］真理を求めるすべての探究者たちとともに、過去の足跡と、時代を越えた保護活動によって受け継がれてきた宝物をともに分かち合う準備が整ったのだ。」こう主張したレオ一三世の考えを、マレガ・プロジェクトは、まさに具現化するものであるとい

共同通信 47NEWS

和紙の修復技術を紹介

日バチカン共同研究

2016/10/7 10:46　10/7 10:47 updated

【ローマ共同】江戸時代のキリシタン禁制についての史料に関するローマ法王庁（バチカン）と日本の研究グループによるワークショップが5、6両日、バチカン図書館などで開かれ、文書の保存や修復の取り組みが紹介された。和紙を使った修復技術の実演もあり、欧州の専門家らが参加した。

バチカン図書館で行われたワークショップで、和紙を使った資料の修復方法を指導する日本の専門家（右）＝6日（共同）

史料は1932〜50年に大分県を拠点に活動したイタリア出身のサレジオ会の宣教師マリオ・マレガ神父が同県臼杵市などで集めたもので、バチカン図書館で2011年に見つかった。

バチカン図書館と日本の共同研究「マレガ・プロジェクト」は、史料の調査や目録化とデジタルデータ化による保存を進めている。

図5　共同通信 WEB 新聞の記事

えよう。」

◆現地で大好評だったワークショップ

バチカン図書館以外の人にもこの日本とバチカンとの相互協力で進めているマレガ文書の修復について知ってもらうため、現地ワークショップが開催された。ヨーロッパでは毎年どこかで日本の伝統的な装こう技術に関するワークショップは開催されており、コンサバター（修復技術士）の中には裏打ちや掛軸の仕立て等のレクチャーを受けたことのある人は非常に多い。しかし、本当に老けて固着してしまった「状もの」を展開するような、地道な作業でありながら進めるとても複雑な修復作業、まさに日本で我々がもっとも時間を費やす修復の一つだが、そのような修復作業の紹介はあまりない。そこで、美術品や鑑賞資料ではなく、アーカイブの修復として日本の古文書修復の技術を紹介し体験してもらおう、というコンセプトのもとワークショップの準備が進められた。

ワークショップは、大学共同利用機関法人人間文化研究機構とバチカン図書館の共催により二〇一六年一〇月二六日・二七日の二日間にわたりイタリアローマ市内のバチカン図書館情報学学校およびバチカン図書館において開催された。(6)テーマは「バチカン図書館所蔵マレガ文書の保存と修復―技術の交流と創発―」である。参加者はバチカン図書館のホームページで募集され、初日のセミナーが五〇名、二日目の修復実技のワークショップは一六名という定員枠をはるかに超える七〇名以上の応募があった。参加者は皆、イタリア国内のみならずドイツやスペイン、イギリスなどのEU圏諸国からも駆け付けたペーパーコンサバター達である。その時の様子はプレス発表され、場内での撮影や取材も許可され、日本へは共同通信社により発信され、日本国内でも数社の新聞やネットニュースに掲載された(図5　共同通信WEB新聞の記事)。

8 あらためて日本の文書修復について考えること

日本の修復技術者達は普段の業務で和紙の古文書の修復をしているが、その際に要となるのは、水による和紙の収縮をいかにコントロールするかということである。古い糊で接着された箇所を剝がすためには、本紙を加湿して糊をゆるめてから剝離する。また古い裏打ち紙を剝離する際には、全面に刷毛で水を引く。水溶性の顔料等が使われている場合は、加湿は蒸気だけにするなど最小限に抑える必要があるが、そうでない場合はかなり大胆に水を与える。それでも水にぬれて膨張した和紙の本紙は乾きながら収縮し、ほぼ元の寸法に戻ってくれる。その水の使い方は、欧米の修復ラボのペーパーコンサバター達にとってはかなり驚きのようだ。

欧米での修復では実際に和紙は修復材料としては多用されており、彼らも非常に適用範囲の広い身近な強化材料として楮和紙を扱い慣れている。しかし日本の古文書のような史料そのものの材質として和紙を扱うことはほとんど経験

写真15　アルノ川大洪水50年記念展示のポスター

がなかったわけで、「いつもこんなに本紙に水を与えるの？」とか「カーボンインク（墨）は水で滲まないの？」という質問を何人からも受けた。本紙の素材と特性によって修復方法が異なるのは当然といえば当然であるが、あらためて和紙の適応力の高さと墨の安定性を再認識した。

二〇一六年一〇月に、一九六六年のアルノ川の大洪水による水害から五〇年を経たフィレンツェへと赴いた。訪問の目的はアーカイブやライブラリの当時の被害状況とその後の復旧について確認することである。まずは、イタリア国立中央図書館での記念式典に参加し、記念展示を見学した（写真15　記念展示のポスター）。度重なる過去のアルノ川の水害の被害状況やそれに対する行政や住民の対策について絵図面や記録でその歴史を追う内容だったが、その最後のブースでは、五〇年前の大洪水のレスキューにかけつけた世界中のコンサバター達の活動の記録が展示されていた。後に水害による被災紙資料の処置としてマニュアル化されたバキューム・フリーズ・ドライ法も紹介されていた。

五〇年前に被害をうけた資料の修復は、いまだすべては終えられていない。当時の状況を実際にみたわけではないが様々な書籍で紹介されているものを読んで疑似体験をし、すでに過去の記憶として認識していたことへの反省とともに、続いて訪れたトスカーナ文書保護局のアーカイブ保存部門でも年々削減されている予算のために人員も減少し続け苦労している担当官の話も聞き、まだまだ現在進行中なのだと実感した。人間の営みが常に自然災害からいかに生活を防御するかということが大きなテーマであるように、我々が携わっている文化財保存の世界も、防災はすれども予想をはるかに超えた現実を前に、被災した資料の復元維持に努めることの繰り返しである。

最後に、歴史資料の修復理念について述べておきたい。歴史資料を修復する際にもっとも心がけなければならないことは、手を加えすぎず必要最小限の処置にとどめるということである。必要最小限の処置とは「修復したことが一見わからないがよく見るとわかる程度」でかつ「安心して取り扱いができる程度の強度を与える」ことである。なるべく見た目が変わらないように現状維持するのが、日本を含めた世界の文化財修復の基本方針である。ときには汚れや拙いありあわせの紐での綴じ替えまでもが、長年大事に使い続けられてきた痕跡として消さないことが選択されるのである。しかし一方では、その意に反して、鑑賞のために華美な装飾的装丁が新たに施された掛軸や、信仰の対象として、古い彩色を剥がしてその上に真新しい顔料で塗り重ねられてしまった煌びやかな仏像などを目にするのも現実である。文化財と現用の装飾品や実用品、また信仰の対象としての在り方などとの境界線について、議論を重ねていくことも必要だろう。

昨今、近代の公文書群が一括で国指定重要文化財に指定されるものも増えてきた(7)。また府県市町村でも同様の傾向がみられる。近代公文書が文化財として認識されてきたことは、アーカイブへの注目度が上がっているバロメーターとして捉えるならば喜ばしいことである。しかし、じつは近現代資料の保存修復は、前近代までの考え方では対応しきれない課題を多く内包している。具体的には、まず酸性紙の脱酸処理である。海外では、酸性紙は、酸性劣化する前にアルカリ性剤による中和処理で延命を図るというのがスタンダードである。日本でも、近現代資料に対してはすでに当たり前に脱酸処理は実施されているが、国指定重要文化財に関してはまだ文化庁の方針としては脱酸処理の推進についての明言はなされていない。また、近代以降の公文書綴りを扱ったことのある人ならば必ず思い浮かべるのは、非常に脆くなって割れてきている表紙や背表紙の扱いだ。多くの場合、近代日本の公文書管理では、現用を終えたのちに簿冊を再編綴して保管するため、綴じにより見えなくなった部分に件名番号などが隠れているし、絵図面が広げられないような折り方で綴じ込まれているものも多い。これらを綴じから外して閲覧可能な状態にアレンジすることが、原形保存の原則から外れてしてはいけないことになるのかどうか、いくら現状維持とはいえ臨機応変な対応が求められるのが近現代資料のコンサベーションである。アーカイブ業界全体の中の柔軟な協議の場が必要だと感じている。

年代を経た資料を現代の我々が今にある材料を使って修復する際に、伝統的な技法をできるだけ引き継ぎながら、作業効率を向上するために便利な道具や新しい技術を組み合わせることを積極的に検討するのは望ましいことである。しかし、紙漉き道具や刷毛など伝統的な道具の作り手と材料の不足、国産の手漉き和紙の原料の不足など、修復材料の高騰につながる悩ましい課題も多くある。また、新しい材料や薬品を使用する際には、長期的な視野で、資料に悪い影響を与えないものかどうかを慎重に判断しなければならない。

さらに、いろいろな修復技法の選択肢が増えた場合に、どの資料をどのような技法で修復するか、判断の基準を明確にする必要がある。修復する資料の優先順位と修復技法の選択は、答えがあらかじめ用意されているものではない。作業場所、人員、修復技術、修復後の資料の保管や活用などの諸条件によっても選択肢は左右されるため、資料を管理する所蔵側セクションと修復技術者がディスカッションしながら進めることが大事である。

修復が完了すると、外部の修復技術者の手元に修復した資料は残されないので、修復家の財産となるのは修復記録である。これら修復記録は一部は修復を終えた資料とともに納品されるので、後世に引き継がれる大切な資料の履歴ともなる。しかし、残念なことに正確に記録した修復記録が必ずしも所蔵側によって資料とともに長期間保管されているとは限らず、数十年前の修復についての問い合わせが来ることが度々ある。実際に修復を行った担当者がいなくても、処置内容について詳細に答えられるように、そのようなデータバンクとしても、修復の記録は受託側でも整理して残しておかなければならない。さらに、修復は処置前にはみられなかった本紙の裏や下の層を確認できる絶好の機会であり、それまで隠れていた新たな発見も多くある。その情報は正確に記録に残し、利用者も確認できるような工夫をすることも修復家の腕の見せ所である。

さいごに

本書のタイトルでもある「公文書をアーカイブする」ためには、資料を物理的にモノとして残すことが大前提として求められる。じつは我々修復技術者が最も懸念しているのは、近現代以降の合成的に開発された新しい素材の劣化である。いまだ劣化試験や保存科学的な分析が進んでいない新しい素材は、おそらくある時期に至ると急速に劣化が進行することが予想されてはいるが、危惧するのはその対策が整えられていないという現実だ。何よりアーカイブ保存に係る予算の減少と専門的人員枠の不足がその一因である。最近のアーカイブ業界の動向がデジタル化に流れている、というのは冒頭でも述べたが、デジタル化したからといってその原本が無くなってよいわけではないだろう。デジタルという物理的形態を持たない情報と、モノとしての原本の保存をどう折り合いをつけていくか。おそらくデジタルのみで残せばよい情報と、デジタル化しつつも原本を残さなければならない資料の双方があるにちがいない。しかし、現在の日本のアーカイブでその区分けを選別できている機関はどれくらいあるだろうか。

UNHCRアーカイブの二〇一八年の活動の中では、フランスのセルン（CERN＝欧州原子核研究機構）アーカイブを訪問した。今では我々が日常的に利用しているWebサイトを一九八九年に発明（一九九一年に世界で初めて発表）したのは、当時このセルンの研究者だった英国人のティム・バーナーズ＝リーである。彼はこのシステムを「世界中に広がるクモの巣」という意味を含めてWorld Wide Web（WWW）と命名した。(8) Webの開発により、世界中でデジタル情報を共有するシステムが圧倒的に普及している。先に述べた、マレガ・プロジェクトにしてもWEB上でのデジタル情報の共有自体がその前提となっている。デジタル撮影のための必要最小限の安全な日本式の修復処置を検討し、日本の修復技術を習得したバチカン図書館の修復スタッフが修復作業を進め、デジタル化した情報をバチカンと日本のみならず世界で共有しようと計画している。

デジタル技術が便利に活用できるまでに成熟してきた今だからこそ、アーカイブに係る世界中のアーキビストとコンサバターは連携して、あえてアナログな資料保存にも立ち返り、資料原本の保存についてもしっかりと考えていかなければならないのではないだろうか。同じ思いを携える同業者達と深く関わりながら知見を広め、今後もできるだけアーカイブ業界の中で、資料保存の活動を継続していければと思っている。

注

（1）ＵＮＨＣＲ（国連難民高等弁務官事務所）アーカイブでのボランティア活動については『アーカイブ・ボランティア――国内の被災地で、そして海外の難民資料を――』（阪大リーブル48　大阪大学出版会　二〇一四）に詳細が紹介されている。

（2）東京都中央区「明石町遺跡」の全容については『東京都中央区明石町遺跡発掘調査報告書』（明石町遺跡調査会発行　二〇〇三）を参照。出土した炭化文書の一部は、平成一三年度事業として保存処理業務が東京都中央区より㈶元興寺文化財研究所へ委託された。

（3）「元禄二年堺大絵図」（国立歴史民俗博物館所蔵）の保存処理業務は、国立歴史民俗博物館から㈶元興寺文化財研究所へ平成二二・二三年度事業として委託された。

（4）「マレガ・プロジェクト」は、二〇一三年より事前準備および概要調査が開始され、二〇一三年一一月に大学共同利用機関法人人間文化研究機構とバチカン図書館との間で「バチカン図書館所蔵マリオ・マレガ収集文書の保存・公開に関する調査・研究」の協力に関する協定が交わされ、正式に発足した。調査は、国文学研究資料館を総括機関として、大分県立先哲資料館、東京大学資料編纂所、国立歴史民俗博物館、京都外国語大学、早稲田大学等の各機関および関連の専門家等が協力して推進している。

（5）アンヘラ・ヌーニェス＝ガイタン（湯上良：訳）「マレガ神父収集文書の整理と保存――バチカン図書館と日本による共同調査と交流――」（『国文学研究資料館紀要　アーカイブズ研究篇　第12号（通巻第47号）』二〇一六）より引用。

（6）ワークショップの様子は、湯上良「和紙を愛でる：古文書修復技術の融合――マレガプロジェクト・ワークショップ」『国文研ニューズ　No.46 WINTER 2017』（大学共同利用機関法人人間文化研究機構国文学研究資料館発行　二〇一七）を参照。

（7）二〇一八年現在で国指定重要文化財に指定されている行政文書は五件である。京都府行政文書（二〇〇二年指定）、山口県行政文書（二〇〇五年指定）、埼玉県行政文書（二〇〇九年指定）、群馬県行政文書（二〇一〇年指定）、東京府・東京市行政文書（二〇一四年指定）

（8）WEB誕生について詳細はCERNのHP参照。（https://home.cern/science/computing/birth-web）

コラム

世界のアーカイブ修復保存の現場から

金山正子

◆二〇一六年イタリア

フィレンツエの町を流れるアルノ川が一九六六年に大洪水をおこし、世界中から人員を大動員して文化財をレスキューしたことは、資料保存に携わる人たちの間ではよく知られている。それから五〇年を経て記念展示があったので、訪問した。すると、アーカイブでもライブラリでも、コンサベーション（保存修復）部門の人員はかなり予算削減で縮小されていながらも、当時の被災資料の修復がまだ（！）続いていた。

フィレンツェの国立図書館の入口。扉より高いところに洪水が達したプレートがある。
プレートには「1966年11月4日　アルノ川はここまで達した」(矢印の位置)

「でも、人員が減っているから本格的な修復は外注だよ。今回は入札さ。」とはナショナルアーカイブのコンサバターの話。日本と似たような現状である。

市街地にあるナショナルライブラリで印象的だったのは、半地下書庫での雑誌類の蔵書管理だ。図書が一冊ずつ順番に無酸素封入でパッキングされている。「パッキングした図書の閲覧申請があったらどうするの？」と質問したら「その時は開封して閲覧に出すわよ」。なるほど、そりゃそうだ。「また洪水があったらここは間違いなく浸水するから、今のうちに順番にパッキングしておくの。そうすれば水に浸かっても浮かぶだけで本は濡れないから安心でしょ。」はい、確かに。

◆二〇一七年北米

ノースイースト・ドキュメント・コンサベーションの入口

ボストン郊外にある文化財全般の保存処理機関である非営利団体ノースイースト・ドキュメント・コンサベーション・センター（NEDCC）を四半世紀ぶりに再訪問した。二五年前当時は紙資料のコンリバーションのワークショップなども頻繁に開催し、コンサベーションテクニカルのマニュアルの公開など、先駆的な活動で技術的な底上げにイニシアチブをとり貢献してきた機関である。「今、一番予算が動いている分野は何？」という質問に、現在は音響資料のデジタル化が大きなプロジェクトで動いているとの回答だった。一八九〇年にトーマス・エジソンが作った人形の中のシリンダーの声とか、それはたしかに聞いてみたい。世界的にコンサベーションの業界にも予算が動く流行りがあるようだ。

◆二〇一八年オーストラリア

各所への訪問で共通して感じたことは、やはり世界的にデジタル化の波が押し寄せているということだ。それが徹底して感じられたのは、キャンベラにあるオーストラリア・ナショナル・アーカイブでの話を聞いたときだ。個人情報を含むアーカイブでも、規定の非公開期間を経て公開申請のあった資料はすべてデジタル化され、デジタル情報で申請者に公開されるということ。と同時に、一度リクエストのあった資料はWEBでデジタル公開され、誰でもWEB上で閲覧できるようになる。ただし、特例として公開申請した遺族からの希望により一般には非公開にされる個人情報はある。その場合、デジタル化はされずに申請者へは原本のみが公開される。つまり、「デジタル化＝公開」という基本の公式に基づいて作業はクリアに進められている。

ニューサウスウェールズ州立アーカイブ入口の展示の垂れ幕

ニューサウスウェールズ州立アーカイブでは展示にも力を入れており、刑務記録の展示“Portraits of Crime, 1870–1930”が州内の博物館・ギャラリー展示のハイクオリティ賞をとったとのこと。例えば、開拓時代のある女性受刑者の写真が数点展示されているが、彼女は若い時から老齢になるまで何度も刑務所に服役しており、その都度写真を撮影されている。「そのおかげで普通だったら残らない彼女の生涯にわたる写真記録が残されたのよ」って、確かに。

豪州は土地が広く、まず地下に収蔵庫をつくるという発想自体がない。キャンベラに新設されたナショナル・アーカイブ分館では、徹底した建物管理もされており、事務棟と書庫の空調系統は完全に分離され、書庫等もエリアごとに自動シャッターで区切られている。また、ジイ・サーモ（地熱の利用）という省エネシステムも活用されていた。

◆二〇一九年ドイツ

二〇〇九年三月三日一三時五八分、ドイツ・ケルン市歴史文書館が突然に全崩壊した。このニュースはアーカイブ業界では「地震？」と驚きの波紋を広げたが、なんと自然災害ではなく地下鉄工事のミスが原因だった。文書館内にいた職員や利用者は崩壊のほんの数分前にかろうじて非難して難を逃れたが、隣接するアパートが巻き込まれ二名の犠牲者を出した。事故から一〇年を経て、現場ではどのように資料の復旧作業が続いているのだろうかと、郊外の倉庫に仮設置されている修復・デジタル化センターを訪問した。

事故現場からレスキューされた資料は収蔵資料の九五％、今もスポンジや刷毛で泥を落とすクリーニングと照合作業が続いている。ケルン市歴史文書館にとって現在、特に重要なのは「損害

ケルン市歴史文書館の崩落事故現場の現在（2019.2）

状況報告書」を作成すること。損害賠償をめぐりまだ係争中なのである。補償額査定の根拠として、ダメージをうけた資料の損傷状況や材質や量を把握しレポートを作成する必要がある。また、損壊した文書の破片も一点ずつ伸してデジタル化され、これはベルリンの連邦アーカイブ修復部の協力でコンピュータでの照合が進められている。クリーニングを中心とした根気のいる作業には三五名の補助員が従事しており、壁に作業の分担表が貼ってあった。「ずっと毎日同じ作業はちょっと辛いよね」「そう、だから作業はローテーションにしてるの」。

復旧作業はまだまだ大変だが、二〇二〇年には旧館からは少し離れた場所に新館が開館する予定である。市内に戻り、いまだ現状維持されている旧館の崩落事故現場と新館の建築工事現場をそれぞれ覗きみして、なんともいえないタイムラグを感じた。

第五章

科学技術・国際機関のアーカイブ

1　セルン施設とアーカイブ

平井洸史

セルン名物の球体のモニュメント　2018年の見学

セルンとは

セルン（CERN）は'Conseil Europeen pour la Recherche Nucleaire'の頭文字をとったものである。訳すと「欧州原子核研究理事会」となるが、これは「欧州素粒子原子核研究所」と名称が変更された今も、「研究所準備のための理事会」の略称をそのまま使用したものである。スイスとフランスの国境をまたぐように建設された同研究所は、これまで世界を驚かす発見を含む数えきれないほどの成果を生み出してきた。

セルンのレセプション

たとえば近年大ニュースとなったヒッグス粒子の発見はまさにこの研究所で行われた実験成果である。

スイス・ジュネーブにおいてアーカイブボランティアを行っていた私たちは、二〇一八年度夏にそのセルンのアーカイブを見学する機会をもった。ここでは、セルンの施設とそのアーカイブを紹介したい。

一　施設概要

研究施設　セルンでは一七五〇〇人以上（二〇一七年）の人々が人知の限界に挑むべく協業しており、スタッフの数は二五〇〇人前後を数える。高エネルギー物理実験を目的に建設された周囲の長さ二七kmを誇る円形加速器・大型ハドロン衝突型加速器（LHC）は、セルンの実験施設のなかでもひと際目立つものであり、日本ではよくその長さが山手線（三四・五km）に例えられたりするものである。オフィスや研究室などはこの大きな円の内側二カ所に集中して建設されている。その規模はＬＨＣやそれに接続するもう一つの加速器（ＳＰＳ）と比べれば小さく見えてしまうかもしれないが、どちらも整然として延々と建物が並んでおり、まるで一つの街を形成しているかのように大きい。

展示施設　ジュネーブ側には、常設展示施設が付設されており、誰でも申し込みさえすれば無料で見学ができる。

展示の内容は多岐にわたるが、セルンのこれまでの歩み、そして研究・実験内容がメインである。昨今多くの展示施設が観覧者の注意を引く工夫を凝らしているが、セルンの展示施設にも、触れることのできる実験装置や実物大模型、実際に実験で使用された巨大な装置を展示するなどの工夫を見ることができた。映像や音と光を駆使した解説も多く、解説を詳細に読まずとも体感的に学ぶことができるように感じた展示も少なくない。私たちもセルンのアーカイブ訪問前の時間を利用して展示を見学したが、あまりの充実度に時間が足りないと感じたほどであった。

見学ツアー　常設展示のほかセルンの行っている普及啓発活動としては、職員による解説付の見学ツアーがある。この見学ツアーの売りは何よりも、科学者として働くセルンの職員が施設の解説を行う点にあり、実際私たちがツアーに参加した時には、彼らの実験での経験談を踏まえた話を聞くことができた。いまはもう使用されず展示品となっている装置の意義、実験の学史的意義などはそれに関わる学者の口から語られることにより重みを増して聞こえた。そのほか、質問を受け付け、双方向的に解説を進行していたことも、解説者が施設と実験内容の両方に精通している職員であるからこそできることであろう。

二　セルンのアーカイブ概要

私たちの主な目的は、セルンのアーカイブ見学であった。幸いにもセルンのアーカイブで働くアーキビストの案内でアーカイブを見学することができた。見学中、セルンのアーカイブ組織やそれが抱える問題などについてお聞かせいただいた。

セルンのアーカイブ組織に関する情報は、'OPERATIONAL CIRCULAR N°3'

（運用に関する回覧三号）の"RULES APPLICABLE TO ARCHIVAL MATERIAL AND ARCHIVING AT CERN"（セルンにおけるアーカイブ資料とアーカイブ化のための規則）やその補足資料である"ARCHIVING POLICY AT CERN"（セルンにおけるアーカイブ化の方針）で得られ、またセルンのＨＰ上でも同様の情報を確認することができる。

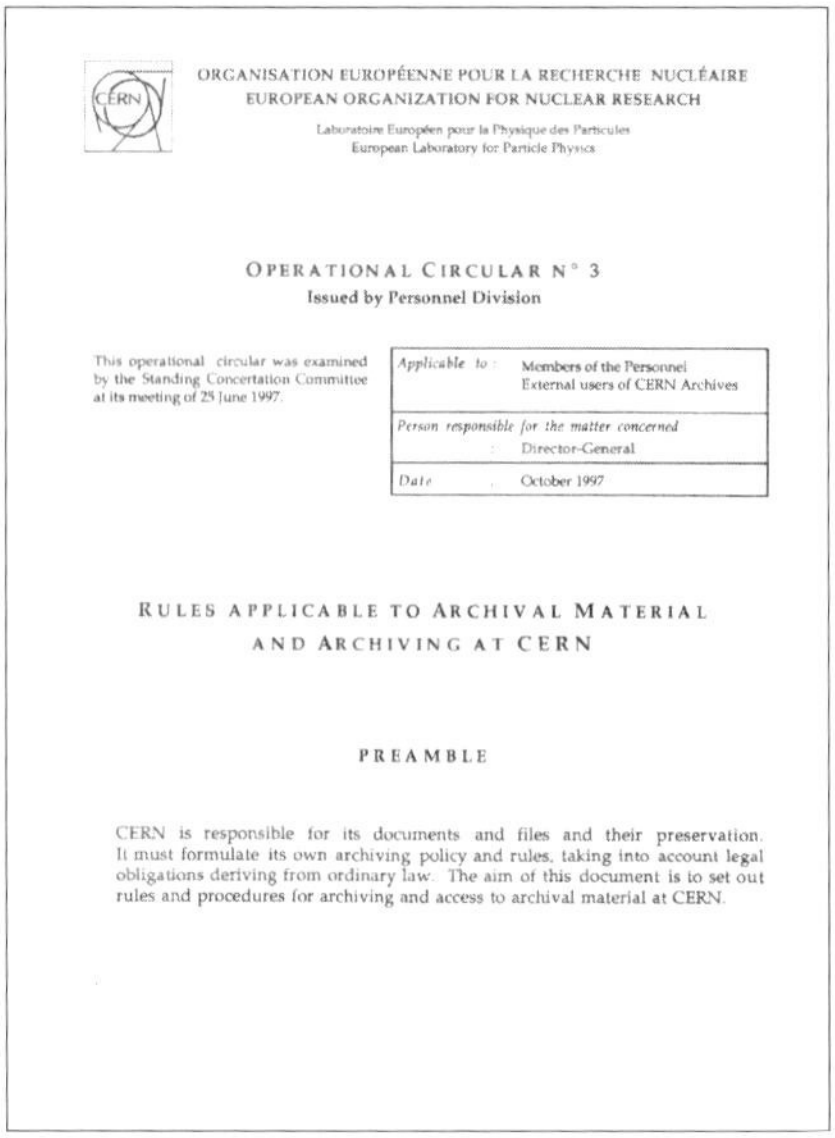
ORGANISATION EUROPÉENNE POUR LA RECHERCHE NUCLÉAIRE
EUROPEAN ORGANIZATION FOR NUCLEAR RESEARCH
Laboratoire Européen pour la Physique des Particules
European Laboratory for Particle Physics

OPERATIONAL CIRCULAR N° 3
Issued by Personnel Division

This operational circular was examined by the Standing Concertation Committee at its meeting of 25 June 1997.

Applicable to :	Members of the Personnel External users of CERN Archives
Person responsible for the matter concerned :	Director-General
Date :	October 1997

RULES APPLICABLE TO ARCHIVAL MATERIAL AND ARCHIVING AT CERN

PREAMBLE

CERN is responsible for its documents and files and their preservation. It must formulate its own archiving policy and rules, taking into account legal obligations deriving from ordinary law. The aim of this document is to set out rules and procedures for archiving and access to archival material at CERN.

運用に関する回覧三号

セルンのアーカイブの歴史　セルンのアーカイブ・セクションの設置は一九七九年のことである。この時始まったプロジェクトはセルンの歴史を記すことを目的としており、それに際して設置された「セルン歴史アーカイブ」（CERN Historical Archives）は、セルンの歴史研究の補助的な役割として考えられていた。しかし、翌年の一九八〇年には「セルン歴史アーカイブ」が原資料を扱うことができるように組織のトップである理事から要請がなされた。

一九八八年には、セルンのアーカイブの方針および手続き方法を決めるための委員会設置が決定され、もとあったアーカイブの権限は歴史研究の範囲を超えることとなり、アーカイブ委員会および各部署のアーカイブ代表といった下部組織を備えたCERN Historical and Scientific Archives（セルン歴史科学アーカイブの意。現在のいわゆる「セルンアーカイブ」）が設置されるに至ったのである。

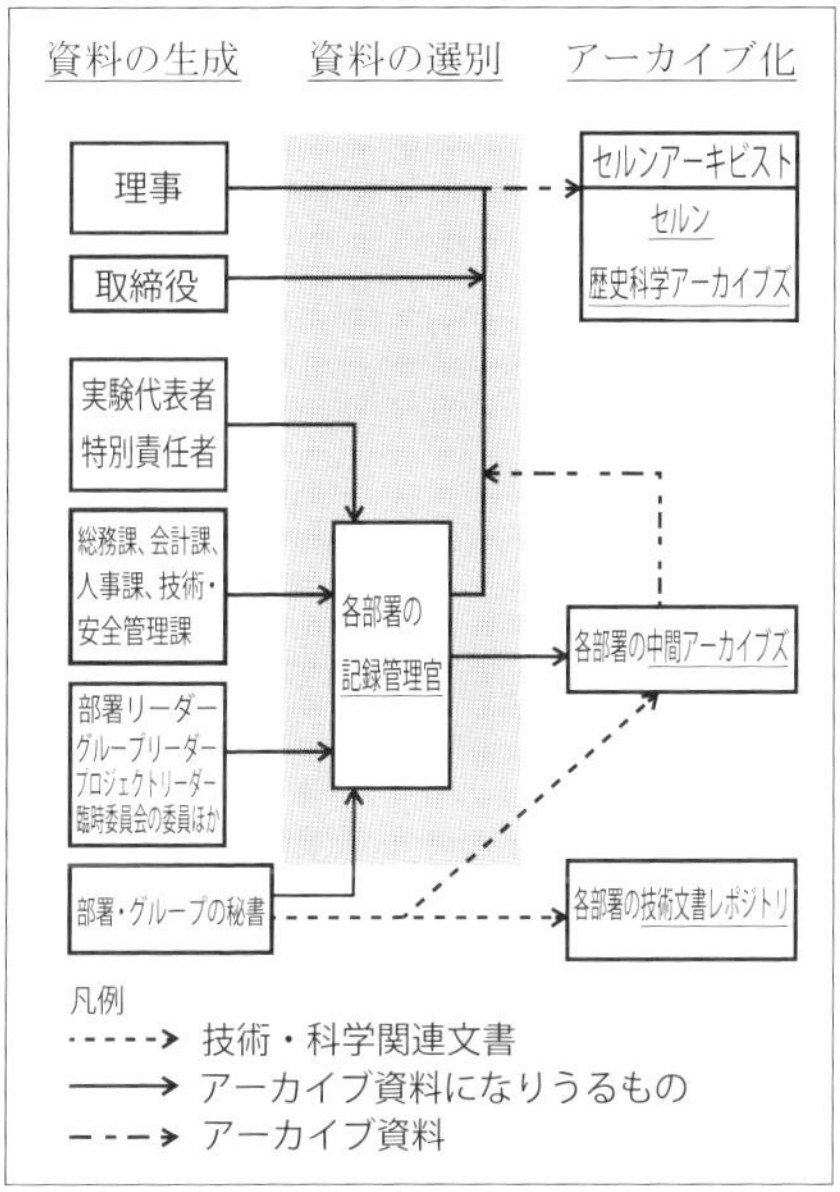

セルンにおけるアーカイブ化の流れ
（「運用に関する回覧三号」資料を平井洸史 和訳）

アーカイブ化における各組織の関係

アーカイブに関する方針決定に最終的決定権をもつのは理事であるが、理事は権限を実際にアーカイブに関わる機関（セルンアーカイブなど）に委任している。資料を生み出す実験部門の代表者や各部署のリーダーにもアーカイブ化の権限が委任されているが、それら資料作成側は、セルンアーカイブの監視下、あるいは'Divisional Records Officers'（各部署の記録管理官）との相談にもとづきつつアーカイブ資料の選別を記録管理官に一任することになっている。また、記録管理官は'Intermediate Divisional Archives'（各部署におけるアーカイブ化以前の資料を扱うアーカイブ。以下、中間アーカイブ）に対しても助言を行うという関係にある。セルンアーカイブはアーカイブ機能を担う部署のうち唯一、理事から事後点検の権限を委任されている。

資料の流れとアーカイブ部門　理事や'Director'（以下、取締役）の業務において作成された資料は自動的にセルンアーカイブに移管される一方で、その他各部署で作成された資料は記録管理官の判断により選別が行われる。そして、記録管理官によりアーカイブ資料と認められた資料が最終的に行きつく先としてセルンアーカイブが存在する。

また、それとは別に、現用資料とアーカイブ（非現用）との間の資料を管理するものとして中間アーカイブが存在する。この中間アーカイブはアーカイブ化される可能性のある資料が記録管理官から送られてくる場所であり、その中にはのちにアーカイブ資料となり、セルンアーカイブへ移管されるものもある。

アーカイブの書庫の見学　2018年

セルンアーカイブの書庫

また、この中間アーカイブに移管される資料のなかには、各部署あるいは各グループの秘書により、アーカイブに適さないと判断された技術的・科学的資料もふくまれている。一方の、中間アーカイブへ移管されない技術的・科学的資料の行きつく先としては、'Divisional Technical Documents Repository'（以下、技術レポジトリ）がある。このレポジトリは、各部署での使用を目的としており、各々の部署での保管である。

これら、セルンアーカイブ、中間的アーカイブ、技術レポジトリの三者がセルンにおける資料の全体を構成する。扱う資料の性質の違いにより三つに分かれているが、そのうちセルンアーカイブがアーカイブ資料の最終目的地であり、最も重要な位置を占める。

特別収集物

- 特別責務が適用される経営上のファイル（人員、会計、医療サービス、年金基金、他）
- 視聴覚記録
- 写真とフィルム
- 新聞記事
- インタビュー
- 設計図、図解

アーカイブ資料となるもの

- セルン議会とそれに従属する組織体
- 行政、管理と方針決定
- 加速器：計画、構築、実施（セルンは世界的にも最も優れた加速器をもつ）
- 研究設備、実験協力
- 理論物理学
- 技術：計算、電子工学、真空、低温学、他
- 副産物：技術的、経済的、文化的
- トレーニング、会議、効用試験、他
- セルンにおける文化的、社会的生活

アーカイブ資料　科学研究機関であるセルンは、組織内アーカイブとして原則セルンの活動において生じた資料をアーカイブ資料として取り扱う。それは当然、組織だけでなく個人の活動もその対象となる。まず第一に、科学的な取り組みの結果や科学的作業プロセスについて記した文書や記録が、その形態に関わらずアーカイブ化の対象となる。

具体的には、上記（右）のカテゴリに当てはまるものがアーカイブ資料となる。

出版向けの文書は原則アーカイブ資料とはならないものの、出版されないセルンの各部署におけるレポートや技術ノート、説明書はアーカイブ化の対象となる。

以上のセルンの運営にともなって機械的にアーカイブ化されるもののほか、特別アーカイブ収集物というものもアーカイブ化の対象である。上記（左）のものがそれに該当する。

そして、ここまで挙げてきたような、セルンの公的な活動

において、人あるいは組織によりつくられるもしくは受け取られるアーカイブ資料は、その物理的形態および技術的裏付けに関わらず、セルンの所有物とされ、ホスト国のスイスであれフランスであれ、無許可ではアクセスできないという性格を有している。

資料へのアクセス　セルンアーカイブは組織内アーカイブであり、公的アーカイブではない。そのため、当然アーカイブの利用者はセルンという組織内部の人物となる。ただし、正当に理由付けされた請求がなされた場合は組織外部の利用者にもアクセスが認められている。

組織内の利用者であれ、組織外の利用者であれ、アーカイブ資料の利用に際しては、まずインターネット上のアーカイブ資料カタログから必要な資料の検索をすることとなる。そこにはアクセスの可否等を含めた情報が記載されており、すべての利用者はそれに従いつつアーキビストを通して利用にあたる。

アクセスレベル　先にアクセスの可否と一括して表現したが、実際のところセルンアーカイブ資料はそのアクセス条件により三種に分けられる。一つは①自由なアクセスが認められる資料。二つ目は②アクセスの限定された資料。そして三つ目が③機密資料である。

①については、大半の科学的・技術的資料が当てはまり、具体的には以下のものが該当する。

・五年以上が経過した、機密情報でないすべての会議関連資料。
・セルン実験委員会、技術・科学委員会および役員会の機密情報でない（頒布も制限されていない）すべての文書
・自由な頒布が認められる、セルン各部署の報告、技術ノート、設計書、他
・セルンイエローレポート
・出版物、「セルン年間報告書」、「セルン掲示板」、「セルンにおける実験」および類する一連の刊行物。
・概して、セルン職員が収集した科学的なもの（機密指定の文書やファイルは除外）。

一方、②には頒布が制限された文書や、経営上の文書を含むファイル、特に往復書翰、そしていくつかの機密情報リストから外れた機密的資料が当てはま

る。こうした資料は原則三〇年間機密情報として扱われるが、五〇年に延長される場合もある。また、これらアクセスに対する制限は作成者あるいはセルン経営部により課されるものである。

そして、③には、個人に関する情報や職員のインタビューなどが当てはまり、また、人事部、会計部、医療サービスそして年金基金により作成された文書は、それらが各部署・サービスの責任下にある限り、セルンアーカイブを通じてアクセスすることはできないこととなっている。

これらアクセスレベルの異なる資料に対しては、自由なアクセスが認められた資料を除いて、利用者が組織内の職員か組織外の人間かでアクセスに関する手続きが異なる。②、③であれば、外部利用者は利用請求を提出し理事の許可を得る必要があるが、内部職員にはそれが求められない。

三　セルンアーカイブの現状と抱える問題

ここまでセルンアーカイブについて、その成立にかけての歴史や組織のあり方、資料の性質やアクセス環境を中心に概説的に記してきた。その制度的な部

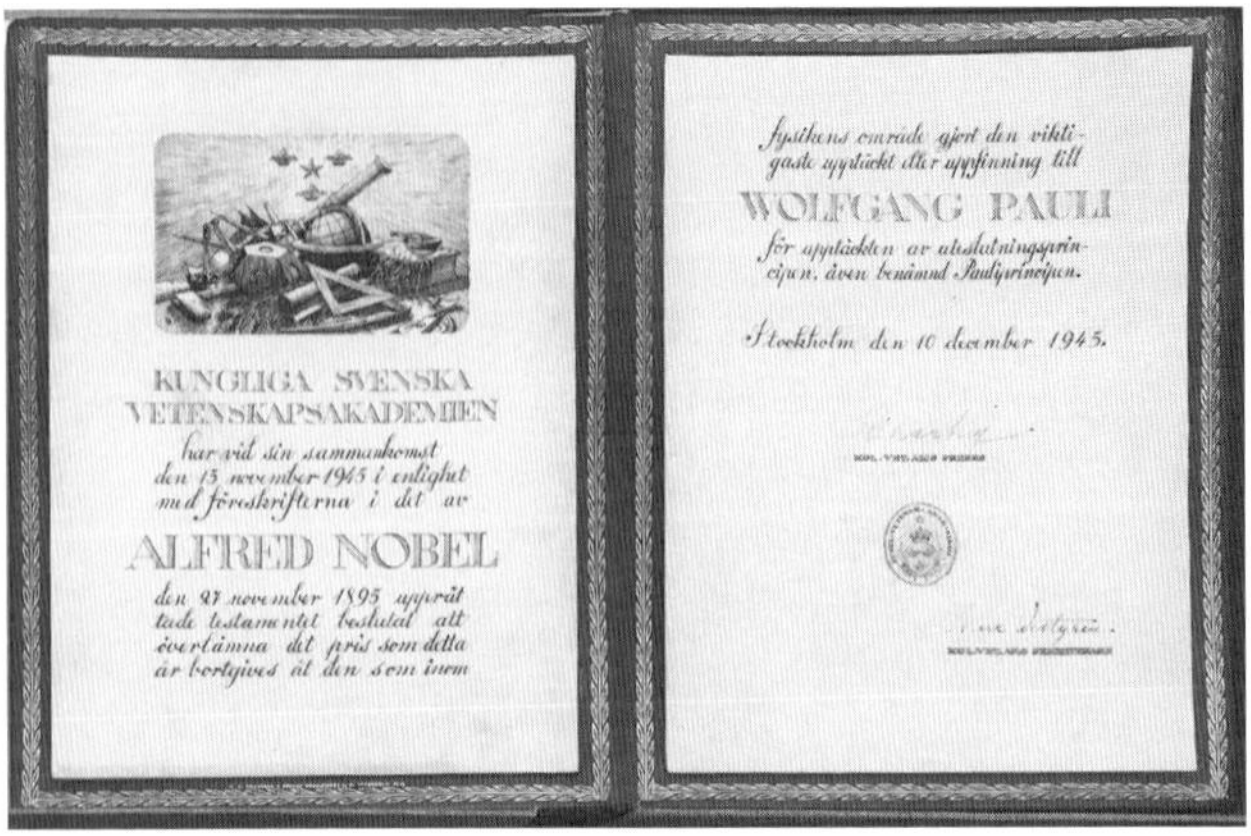

アーカイブ書庫に保存されているヴォルフガング・パオリのノーベル賞賞状。パオリはスイスの物理学者で1965-1967年セルンの責任者であった。

分をとってみても、組織内アーカイブでありながらも、多種の資料にわたって自由なアクセスが認められているように、世界的な科学研究機関として科学・技術情報およびその周辺情報のオープンなアクセスに努める姿勢を読み取ることができる。

インターネット上での情報公開の取り組みが活発に行われている点にも同様の姿勢を認められる。インターネット上でセルンアーカイブのカタログにアクセスできることは先述したが、その他にも、ノーベル賞を受賞したヴォルフガング・パウリのアーカイブ資料や、セルンの歴史に関する文書はネット上での閲覧が可能である。また過去のウェブページを保管する「ウェブアーカイブ」が設置されている点も興味深い。

また、制度のうえでは資料の生成から選別、そしてアーカイブ化までの流れが明確化されており、どの部署に何の責任が所在するのかも比較的わかりやすい点もセルンアーカイブの優れた点として挙げることができるであろう。

セルンアーカイブの抱える課題

ただ、こうしたアーカイブに関する優れた方針、規則、組織構造をもつセルンのアーカイブでも、運用においていくつか課題は存在するようである。そのなかには、科学研究機関ならではの問題も存在する。

問題の一つは、一万七五〇〇人以上の人間が働き、研究が昼夜を問わず行われる世界最大級の研究機関であるセルンのアーカイブにおいて、アーキビストが極端に少ないことである。職員の方の話によると、セルンアーカイブではおよそ一・五人でアーカイブ業務にあたっているようである。他の多くのアーカイブが抱える問題と同様のことがセルンにおいても言えるようである。現在、地下収蔵室のアーカイブ資料をアーカイブボックスに入れる作業が進行しているようであるが、なかなか作業は進まず半分以上はまだバインダーの状態であることをアーキビストの方から聞いた。人員の不足とも関連しているのであろう。

そして、研究機関ならではの問題として、アーカイブ資料の帰属の問題がある。セルンが大変多くの研究者を抱える研究機関であることは再三述べてきたが、セルンにいる研究者は他機関との共同研究の場合、他の機関から派遣されてきている場合もある。また、研究者は大学やその他の研究機関に移ることもあり、流動的な存在でもある。そうした場合、研究や実験の過程で生じた資料がどの機関に所属するのかの問題が生じる。また、この問題には、研究者が個人的なメモや計算式などといった「個人の所有物」の帰属問題も関わり、非常に複雑化しているようである。

さらに、セルンにおいては科学的記録と行政的な記録の線引きが困難であることも問題として挙げられる。つまり、行政的な手続きややり取りの中でも、科学的なことに触れられることは多く、明確に分離することが難しいようである。アーカイブ資料の作成者の多くが科学者であることを考えると想像に難くない。

おわりに

国際的科学研究機関のアーカイブとしての性質は、扱うアーカイブ資料やアクセスの容易さ、そして特有の問題にみることができた。また、本文の筋からは逸れるが、セルンアーカイブの地下収蔵庫を見学している際、著名な日本人研究者（故有山兼孝教授）の直筆手紙を見ることができた。時代をリードした科学者たちの国際的な交流の歴史が、このセルンアーカイブに保管されていることを実感すると同時に、アーカイブの「残す」ことの意義深さを感じずにはいられなかった。

参考文献

CERN 'OPERATIONAL CIRCULAR N°3'（運用に関する回覧三号）最終閲覧日 2019/3/14
http://library.cern/archives/divisional_records_officers/guidelines_DRO/operational_circular3
CERN 'ARCHIVING POLICY AT CERN'（セルンにおけるアーカイブ化の方針）最終閲覧日 2019/3/14
http://library.cern/archives/divisional_records_officers/guidelines_DRO/operational_circular3

2　仁科記念財団、仁科芳雄記念室の見学レポート

小川　千代子

東京駒込に今も残る23号館外観

理化学研究所の設立

東京・文京区駒込二丁目に、公益財団法人仁科記念財団及び日本アイソトープ協会がある。周辺は高層マンションが林立しているが、そこだけは豊かな緑と低層建物でゆったりとした昭和の佇まいを見せている。地図で確認すると、同じ文京区本郷七丁目にある東京大学からほど近い。この施設が置かれた時には東京大学との関係性が強かったことを髣髴させる。ここは、理化学研究所（理研）発祥の地である。

理化学研究所の設立以来の沿革は関本美知子氏（記録管理学会）の説明にゆずる。

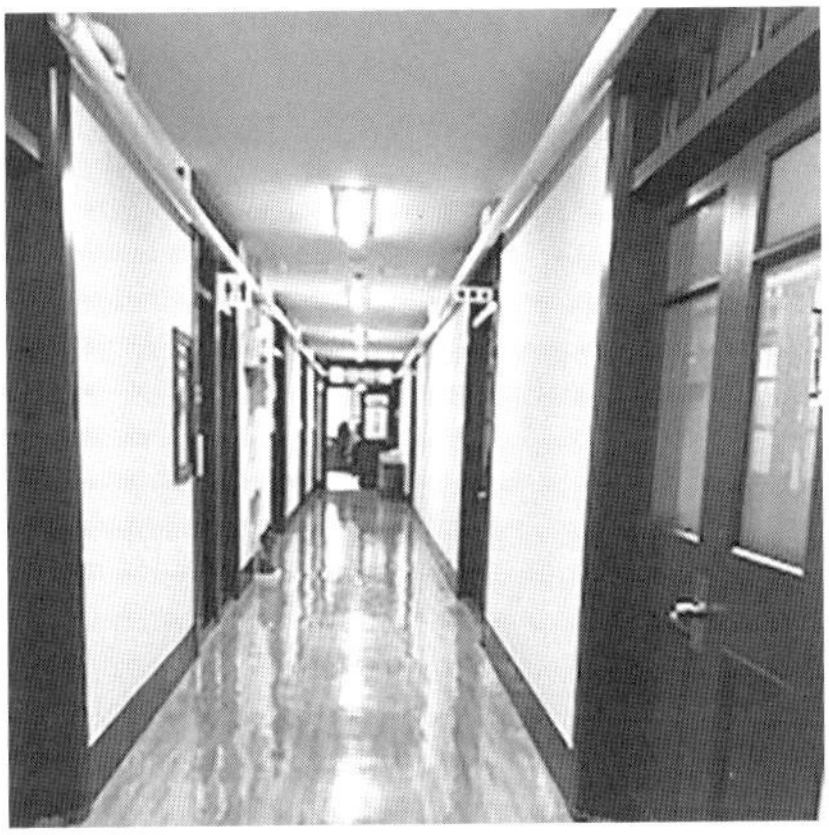

23号館2階廊下。突当りは第3会議室

一九一三年、高峰譲吉博士は「世界は、理化学工業の時代になる。わが国も理化学工業によって国を興そうとするなら、基礎となる純正理化学の研究所を設立する必要がある」と「国民化学研究所」の必要性を提唱、一九一七年に財界の渋沢栄一氏を設立委員長として財団法人理化学研究所を設立した。さらに一九二二年には主任研究員制度を発足、各帝国大学に研究室を置くのも自由としたため、鈴木梅太郎、本多光太郎、長岡半太郎、大河内正敏、西川正治、仁科芳雄ら、物理・化学・工学界の数多くの著名な研究者がここに集い、まさに〝科学者たちの自由な楽園〟と呼ぶにふさわしい環境が創られた。何回かの解散・設立等を経て一九五八年、特殊法人理化学研究所となり、一九六七年には駒込から埼玉県大和町(現 和光市)へ移転、ここが現在の理化学研究所和光地区となった。駒込にあった理研の建物の三分の二は一九四五年四月の空襲で焼失、今も残っているのは、仁科芳雄研究室のあった当時の「23号館」と「37号館」くらい。

仁科財団敷地内の巨大なサイクロトロン電磁石

「37号館」には現在、仁科記念財団のオフィスと仁科芳雄の執務室（当初は23号館二階にあった）が仁科芳雄記念室として保存されている。しかしこの「37号館」も数年後の取り壊しが予定されている。

また、関本氏は仁科記念財団を、「一九五五年、当時の吉田茂首相の呼びかけで発足した財団で、この財団の名前の主、仁科芳雄は現在の巨大科学の基礎を理研で実践していった科学者である。仁科は戦前渡欧、著名な研究者と交流し、その時代の最新の学問を吸収して帰国、その時代の日本における物理学を世界的レベルにまで発展するのに貢献した。しかし第二次大戦後、どん底にまで落ち込んだ日本の物理学界を、戦前海外で得た人間関係構築を国内において産業界財界などに広く実践し、再度発展に貢献したわけである。」と説明している（以上は関本美知子「第一五八回　記録管理学会例会報告」『記録管理学会ニューズレター』No.八二　五頁、二〇一八年四月による）。

仁科芳雄記念室

この仁科記念財団仁科芳雄記念室を記録管理学会の研究例会として見学する機会を得たのは、二〇一八年三月二三日のことだった。まず、「理化学研究所一〇〇年の歴史と仁科記念財団における資料について」矢野安重氏のお話を伺った。矢野氏は理化学研究所仁科加速器研究センター特別顧問、仁科記念財団常務理事。仁科博士の孫弟子で、仁科記念室と仁科先生に関しては、何でもご存知の生き字引とお見受けした。

仁科記念室入口、ランプシェードがレトロ

矢野氏は仁科芳雄博士に関連する資料の整理、調査、分析に積極的にかかわっておられ、特に仁科芳雄関連資料のアーカイブの整理に尽力されていることが、わかった。

会場は一号館二階第三会議室。その建物は先に述べた23号館で、その花文字のサインが今も建物入口上に埋め込まれていた。築一〇〇年という旧23号館は、一階が中二階ぐらいで、半地下的B一階は、現在は研究室になっているらしかった。

矢野先生のお話は、文系人間の私にはなじみのない用語が頻出する。アイソトープとか、日本の原子爆弾開発計画だとか、ウランだとか、なんとかテラシーベルトの放射能だとか、そういう話も伺ったが、よくわかったのは、仁科先生が旧陸軍省から獲得した莫大な研究費のエピソードだ。これは第二次世界大戦期、優秀な弟子を戦場に送るまいとする科学者の良心と厭戦思想かと妄想をたくましくした。

しかし、旧37号館二階の仁科芳雄記念室に移動したあとの私は突然記録管理とアーカイブ整理のスイッチが入り、夢中になった。この空間に入り込んですぐに、私は室内の什器類に貼り付けられたラベルに心を奪われたのである。

仁科記念室の原秩序が可能な限り正確に維持されている様子は素晴らしかった。記録は、記録の発生源の組織構造を反映した階層的構成になっていく、それが時間経過により重層的に構成されることもある、そのような、記録の発生に由来する構造がどのように蓄積され残されていくのか、という観点からみて、仁科記念室の資料整理の状況はほぼ完ぺきであった。仁科記念室全体が一つの

ポストイットによる記号・番号貼付の木製キャビネット

資料発生組織であり、そこにある資料は全体として仁科フォンド（資料群）となる。仁科フォンドにはいくつかのシリーズがあった。記念室にあるシリーズは、筆者の見たところ、資料が収納されている什器ごとに構成されていた。什器類には最近のポストイット又はシールによる記号・番号が貼り付けられており、これらがシリーズと把握されていることが見えた。その中で、什器が棚で構成されている場合は棚ごとの、引出し型キャビネットの場合は引出しごとの記号番号がある。引出し型キャビネットの引出しをあけてみたら（失礼！）持ち出しフォルダに収納された書類があった。かなりギュウギュウ詰めのところがあったり、空っぽの引出しがあったりしたので、引出しごとの内容がそのまま今も収納されているのだろうと推測した。

図書館では、十進分類法が一般的だが、アーカイブ資料の場合は物理的な集合を形成している資料群（フォンド＞シリーズ）を把握しつつ整理する。アーカイブ資料整理の四

実際に使っていた仁科先生の机

原則（次頁のアーカイブ資料整理の四原則の図参照）は、元あった場所を尊重し、元あった配列を崩すことなく、元のままの形状をそのままに残すという原則である。仁科記念室では、この方法が実に見事に実施されていて、感激ひとしおだった。仁科芳雄という人物を軸に、その机、背後のキャビネット、向こうの方の引出し、黒板などなど、すべてが情報源と位置付けられている。その空間的関係性は、什器が収納する情報の内容、質を反映するが、整理実務上はこれにこだわらず機械的な作業。その結果、約七〇年昔に活動を終えた仁科芳雄の動作と思考の軌跡が、仁科記念室には今なお生き生きと保存されている。

説明の労をとってくださった矢野先生は「この部屋のすべてを、ニオイまでも、移転に際してはそっくり持っていく必要がある！」と考えておられるとのこと

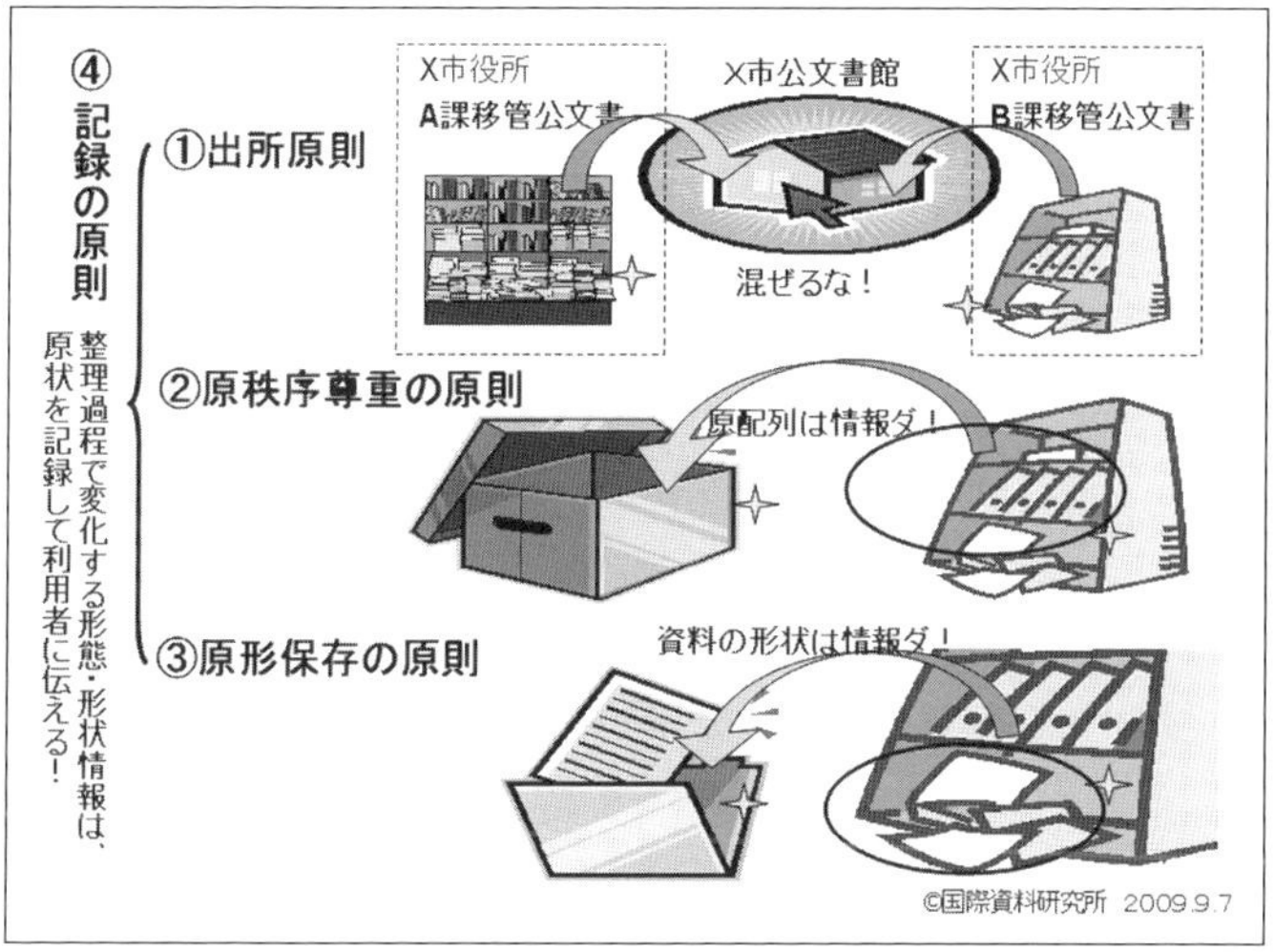

アーカイブ資料整理の四原則（2009年　小川千代子作成）

だった。すごい！　二年後にはこの記念室は移転せねばならないと決まっているが、具体的に行先が確定しているわけではないらしい。移転が完了したら、ぜひ再度訪ねてみたい。

3　国際連盟に届いた日本脱退の電報

小川千代子

一九三三年（昭和八）二月二四日、国際連盟が日本軍の満州撤退勧告を四二対一で採択し、松岡洋右代表はこの採決結果を不満として議場を退席したことはおおかたの日本人にはよく知られている。翌三月に、大日本帝国政府は国際連盟を脱退したことは教科書にも記述がある。

もちろんこの歴史的事実はいくつもの資料によって跡付けられるものであるが、ではどんな資料からそれがわかるのだろう。調べていくうちに日本側と国際連盟側に資料をみつけた。

国際連盟を脱退する

図1の写真は、一九三三年三月二七日東京から発信された電報である。日本

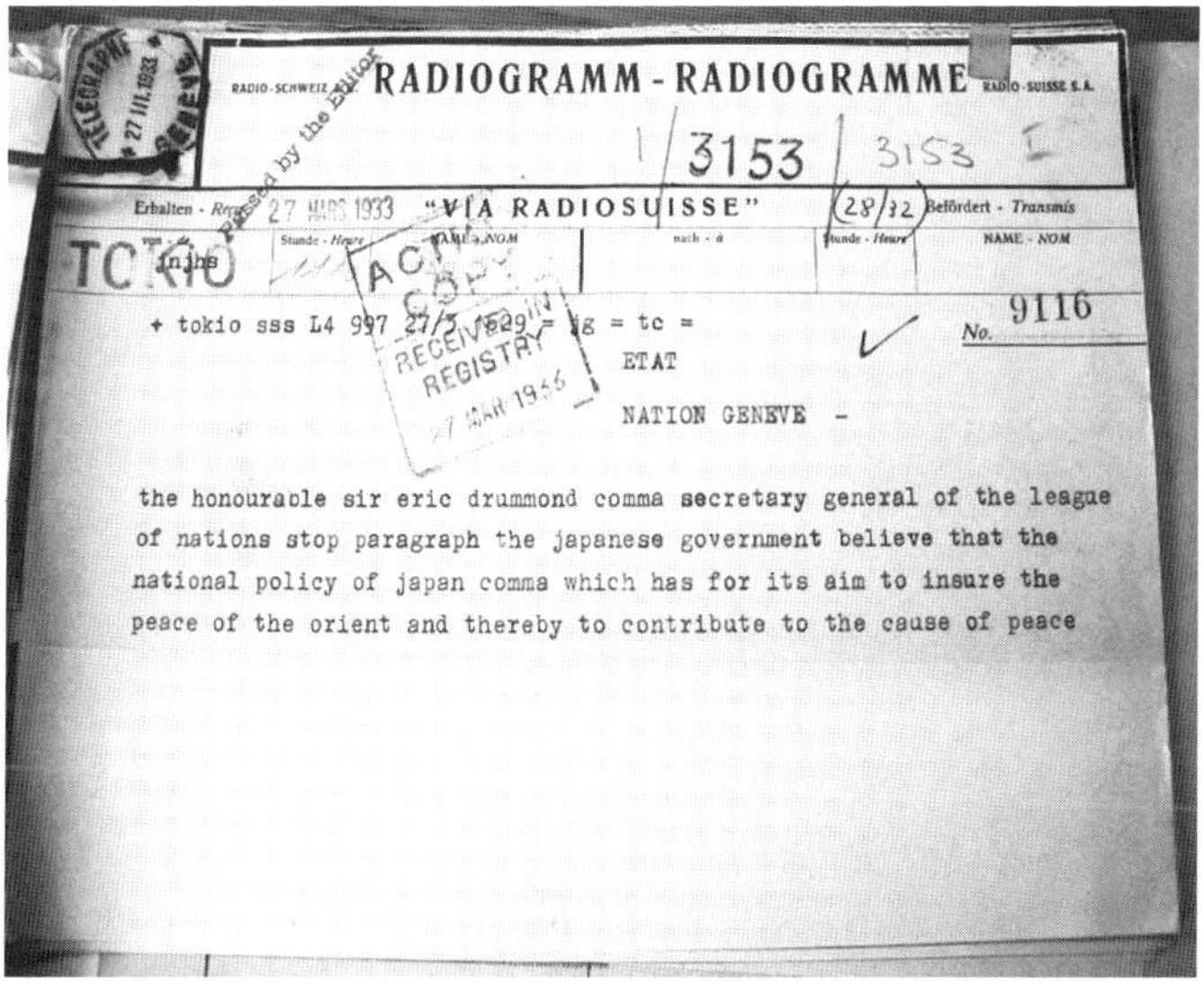
RADIO-SCHWEIZ A.G. RADIOGRAMM - RADIOGRAMME RADIO-SUISSE S.A.

TELEGRAPHE 27 III.1933 GENEVE

Passed by the Editor

1/3153 3153 I

Erhalten - Reçu 27 MARS 1933 "VIA RADIOSUISSE" (28/32) Befördert - Transmis

TOKIO

ACTION COPY RECEIVED IN REGISTRY 27 MAR 1933

+ tokio sss L4 997 27/3 1629 = lg = tc =

No. 9116

ETAT

NATION GENEVE -

the honourable sir eric drummond comma secretary general of the league of nations stop paragraph the japanese government believe that the national policy of japan comma which has for its aim to insure the peace of the orient and thereby to contribute to the cause of peace

図1　1933年3月27日付電報　国際連盟が受信したもの（小川撮影）

「日本帝国政府は東洋の平和を確保し、ひいては（世界）平和」ではじまる1枚目である。電報用紙の上部に印刷された文字から、電報はRADIOGRAMME RADIO–Suisse S.A.（ジュネーブ電報局）が受信したとわかる。その一枚目には様々なスタンプや書き込みがある。ひとつずつ見ていくと、左上には消印のようなジュネーブ電報局のスタンプ（Telegraphe Geneve 27.III.1933）、電報用紙の記入欄には（受取 1933年3月27日 11時10分、TOKIO発）が見える。受取り時間の11時10分の文字だけは鉛筆手書きだ。さらに中央左よりに、他の文字の上から無造作な感じで押印された四角いスタンプは Action Copy/Received in Registry /27 Mar 1933（原紙、登録課受領1933年3月27日）とあり、これが写しではなく、原本、つまりホンモノであることを示す。左上、TOKYOのスタンプにかぶせるように斜めに押された小さいスタンプの文字列は、Passed by the Editor（担当者より回付）、上段右半分にはスタンプと手書き（鉛筆）で記入された数字（1/3155/3153/I）、中段に記入された数字（28/32）、文面右上の☑マークとNo.9116　等々、文面の内容とは直接かかわらないが、当時のこの文書の取扱いに関連した動きや文書の流れにかかわる様々な「符丁」が見える。これらのスタンプや書き込まれた記号等々の意味を読み解くことで、国際連盟が日本政府発信のこの電報を受け取った後、文書事務の観点からどのように取り扱ってきたのかが浮き彫りにできるかもしれない。

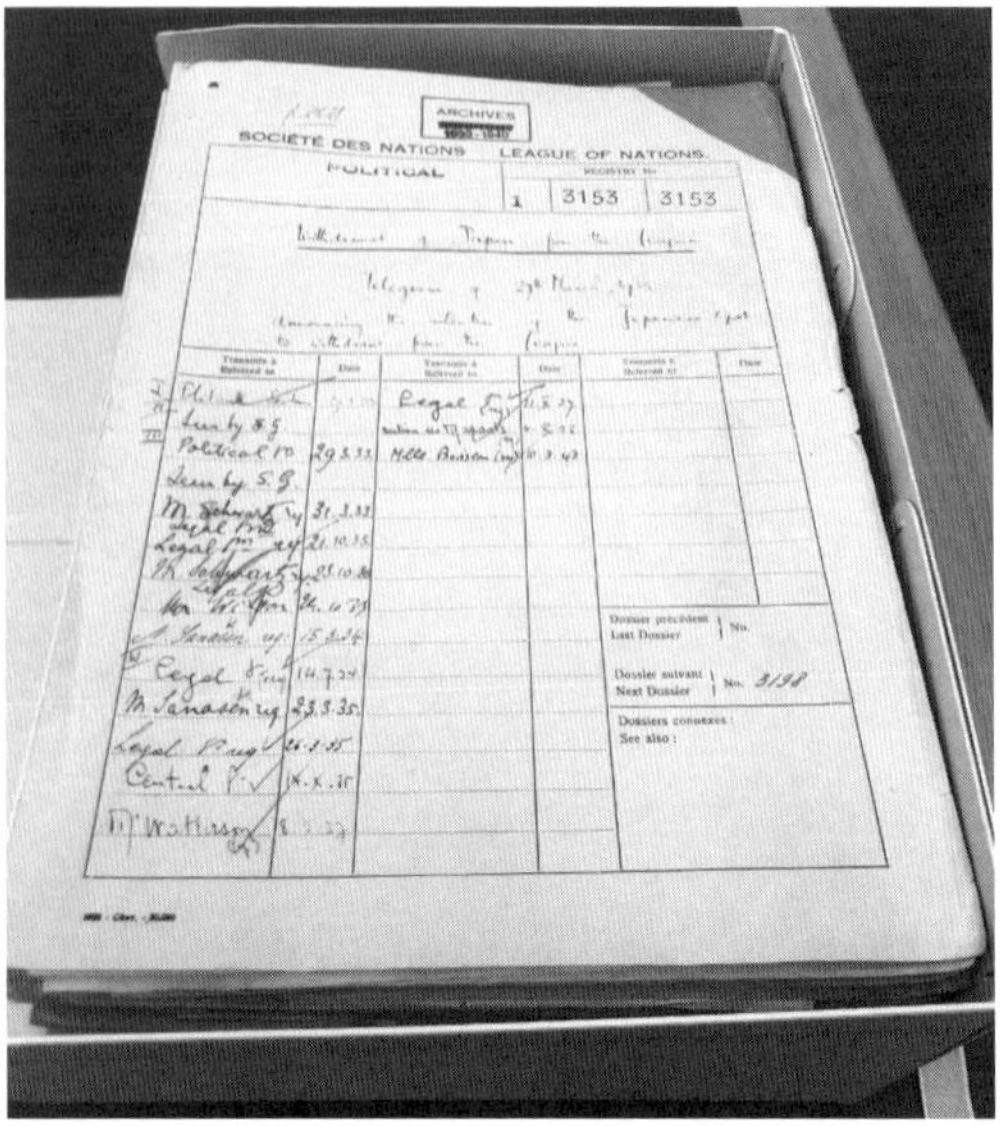

図２　一連の資料が綴じこまれたフォルダ（ドシエ）
タイトルには、「日本の連名脱退　1933 年 3 月 27 日付電報、日本国政府連盟脱退の意向を通告」とある。

政府が国際連盟事務局あてに打電したもので、発信者名は外務大臣内田康哉とある。この電報は現在スイスにあるジュネーブの国際連合アーカイブ室に保存されており、「日本の連盟脱退」という件名のフォルダの中に入っている。このフォルダにはこの電報（英文）のほかにフランス語訳の草稿、国際連盟事務総長が発信した返信電報の控え、返信電報を日本側が受け取ったことを告げる国際連盟パリ代表部澤田大使の手紙が、日付順に積み上げられている。事務総長は日本政府への返信を作成するために連盟事務局の法規担当の意見を求めたり、委員会に日本政府が脱退の意思表示をしてきたことにつき周知を図るなどの行動をとっていたことも、綴じこまれた返信控えの欄外メモに記

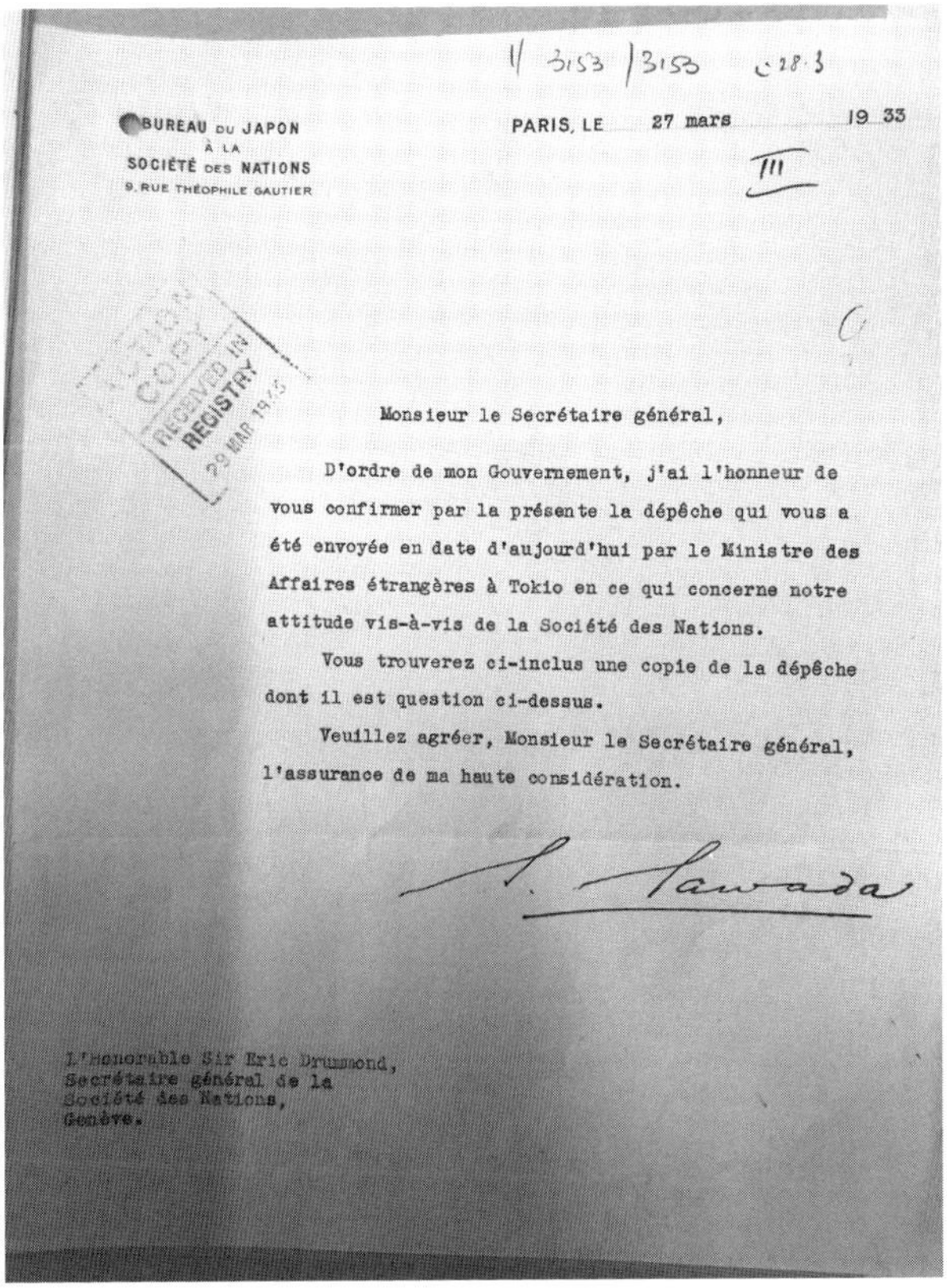

BUREAU DU JAPON
À LA
SOCIÉTÉ DES NATIONS
9, RUE THÉOPHILE GAUTIER

PARIS, LE 27 mars 1933

Monsieur le Secrétaire général,

D'ordre de mon Gouvernement, j'ai l'honneur de vous confirmer par la présente la dépêche qui vous a été envoyée en date d'aujourd'hui par le Ministre des Affaires étrangères à Tokio en ce qui concerne notre attitude vis-à-vis de la Société des Nations.

Vous trouverez ci-inclus une copie de la dépêche dont il est question ci-dessus.

Veuillez agréer, Monsieur le Secrétaire général, l'assurance de ma haute considération.

S. Sawada

L'Honorable Sir Eric Drummond,
Secrétaire général de la
Société des Nations,
Genève.

図3　在パリ国際連盟日本代表部 澤田大使の署名で連盟事務局長エリック・ドルモンド宛の手紙

フランス語。内容は、3月27日付で本国より外務大臣から連盟事務局長あて、連盟事務局長からの連絡拝受につき確認の手紙。これも同じく1933年3月27日付、パリからジュネーブへ送付されたらしい。

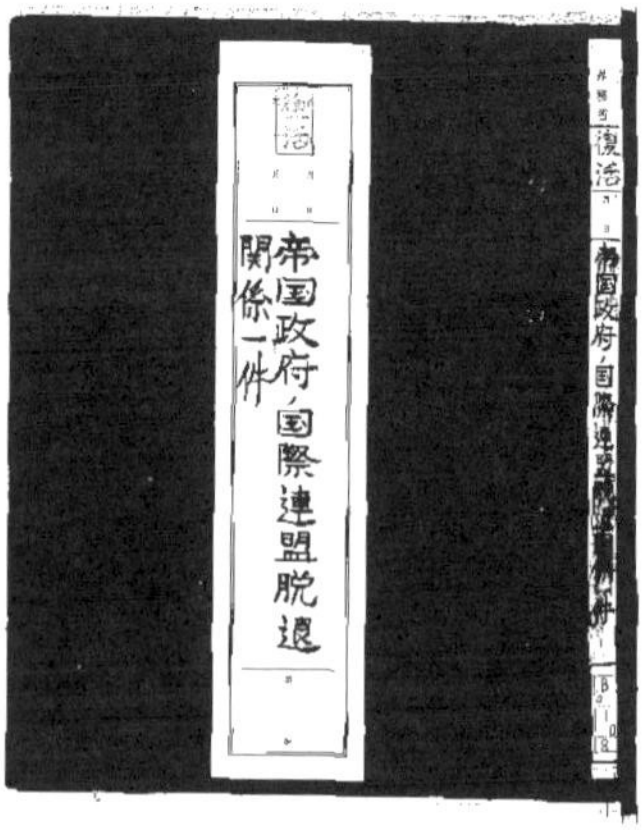

図４　『復活 帝国政府の国際連盟脱退関係一件』表紙

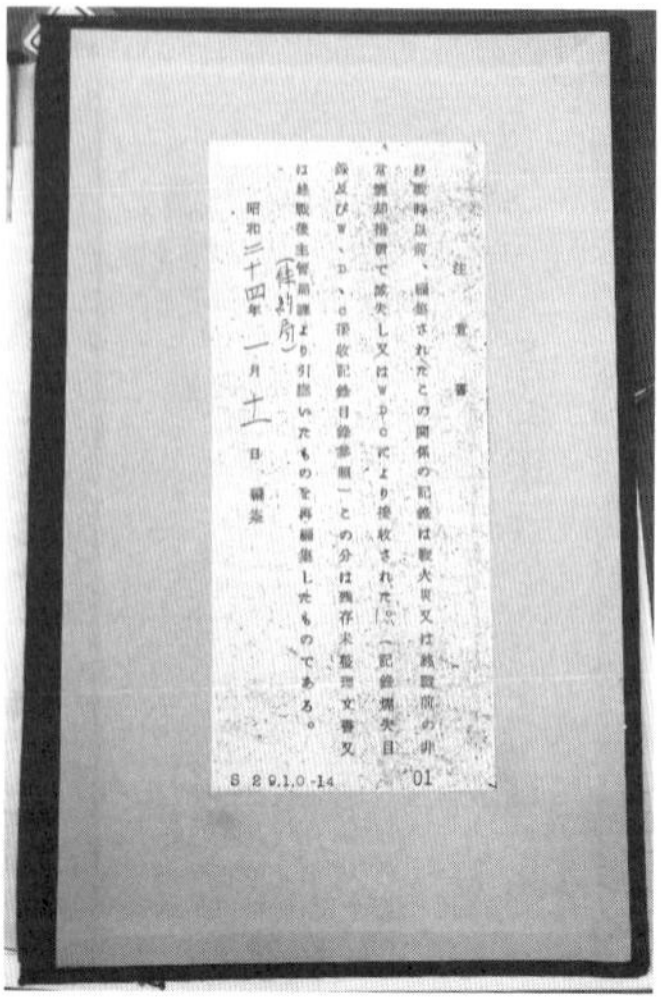

図５　同　表紙裏の貼り紙
外務省外交史料館で実物を撮影（2018.12.20　小川千代子）
B-9-1-0-8　外務省外交史料館蔵

されている。このフォルダには一九三三年三月二七日～二八日にかけての連盟事務局内部の忙しい業務の様子がしごく事務的に、しかし非常に具体的に把握できるように記録されている。

日本側のアーカイブ資料探索

電報を発した日本側にもその控えがあるはずだが、それはどこにあるのだろう。日本側の資料は調べたところ外務省外交史料館がアジア歴史資料センターで公開するデジタルアーカイブのサイトで見つけることができた。「帝国政府・国際連盟脱退関係一件」と題する簿冊である（図4）。この表紙裏の写真が次に出てきた。

図6　同　背表紙
外務省外交史料館で実物を撮影（2018.12.20　小川千代子）
B-9-1-0-8　外務省外交史料館蔵

それには「注意書　終戦時以前、編集されたこの関係の記録は戦火災又は終戦前の非常焼却措置で滅失し又はＷＤＣ〔ワシントン・ドキュメント・センターのこと＝筆者注〕により接収された（記録焼失目録及びＷ、Ｄ、Ｃ接収目録参照）。この分は残存未整理文書又は終戦後主管局課（条約局）より引継いだものを再編集したものである。昭和二十四年一月十一日編集」と記された紙が貼りつけられている。この「注意書」からは外務省外交資料館に今日保存されている、日本が国際連盟を脱退した時の日本側の記録が「残存未整理文書又は終戦後主管局課より引継いだものを再編集した」ものであったことがわかる。要するに、この文書は昭和二十四年まで約一六年間、整理されることなく、また幸いにも接収されることもなく「残存」していたということがわかる。

国際連盟という組織は、第二次世界大戦終了後の一九四六年に解散された。これに代わるものとして戦後まもなく一九四五年に国際連合が発足し本部はニューヨークに置かれた。しかし、国際連盟時代の記録は現在もなお旧国際連盟本部であった現在の国際連合ジュネーブ事務所が保存し、二〇〇九年には、これが世界遺産として登録された。現在では、利用者が直接閲覧することができ、私たちも日本政府が発信した電報のホンモノを見るだけでなく、手に取ることもできる。これに対し日本側が発信した電報の控えは明確な形では見当たらない。外交史料館所存の上記資料には、文案が含まれ、外務省内の決裁を経たことが推測される文書があるばかりで、発信した電報そのものは見あたらない。

二〇一八年一二月二〇日、外務省外交史料館でこの実物を閲覧した。この時、閲覧室の担当者に外務省の電報はどのように発信されていたのか聞いてみた。担当者によれば、外務省には昔から電報発信の部署があったのだそうだ。外務省と在外公館との間でやり取りされる電報は、外務省内のネットワークで完結していたということらしい。一般庶民にとって電報とは電報局に依頼して発信「してもらう」ものだが、その常識は通用しなかった。外務省では一九三〇年代すでに、今日のメールのやり取りとも通じる、イントラネット型の情報通信網を独自に備えていたと知った。

コラム

国連高等弁務官事務所（UNHCR）でアーカイブを守る人々

大西　愛

国連難民高等弁務官事務所といえば私たちは、緒方貞子さんの名を思い出す。一九九一年から二〇〇〇年まで高等弁務官を務めた人である。私たちは、二〇〇九年から二〇一八年まで「海外アーカイブボランティアの会」として、この事務所のアーカイブの整理を担当したところ、緒方さんはUNHCRの機能を高めた人として職員のみんなに尊敬されていることを知った。また、資料整理の仕事を通じてアーカイブ課の仕事を見てきたが、それぞれはどのような立場でどんな仕事をしているか詳しく知りたくてアンケートをお願いしたところ、気軽に応じてくれた。次にその一部を紹介しよう。

（1は職種　2は略歴　3はアーカイブ課の仕事について思うこと）

◆アーカイブ課長　Mさん

1. 責任者として業務の割り当てを行い、目標を立てて予算の執行と配分を行い、課を代表して組織内外に対し広報します。
2. カタロニア（スペイン）で一六年間国際関係の仕事をして、その後、UNHCRの記録管理の仕事に応募して採用されました。

3．私は価値観が共通する組織で働くのが好きなのです。アーカイブの内容が好きで、私には新機軸を打ち出し、実験的な試みを行い、決める自由があります！

◆デジタル保存プロジェクト担当　Aさん

1．現在新しいシステムのテスト中で、電子資料の移管中です。即ちEメール、マイクロソフトオフィス資料、旧版資料を対象としています。

2．これまで三〇年以上ITを経験したので、長らく様々なハード、ソフトで仕事をした経験がある。UNHCRのアーカイブチームでITの仕事をするためには完璧な経験です。

3．毎日仕事に来て、我々のファイルフォーマットや新たなデジタル保存システムにかかる問題を解決するのが好きです。毎日新たな課題が出てくるし、素晴らしい同僚たちの輪の中で働くのはスゴいです。

◆派遣駐在アーキビスト　Sさん

1．紙媒体の記録のリストアップを行っています。

2．記録課で三ヵ月インターンをしていました。担当したのはアーカイブの各種実務、即ち保存、リスト作り、目録作成など。現在は大学の教授の下で資料のリストアップを行っています。

3．新たなスキルを勉強しています。

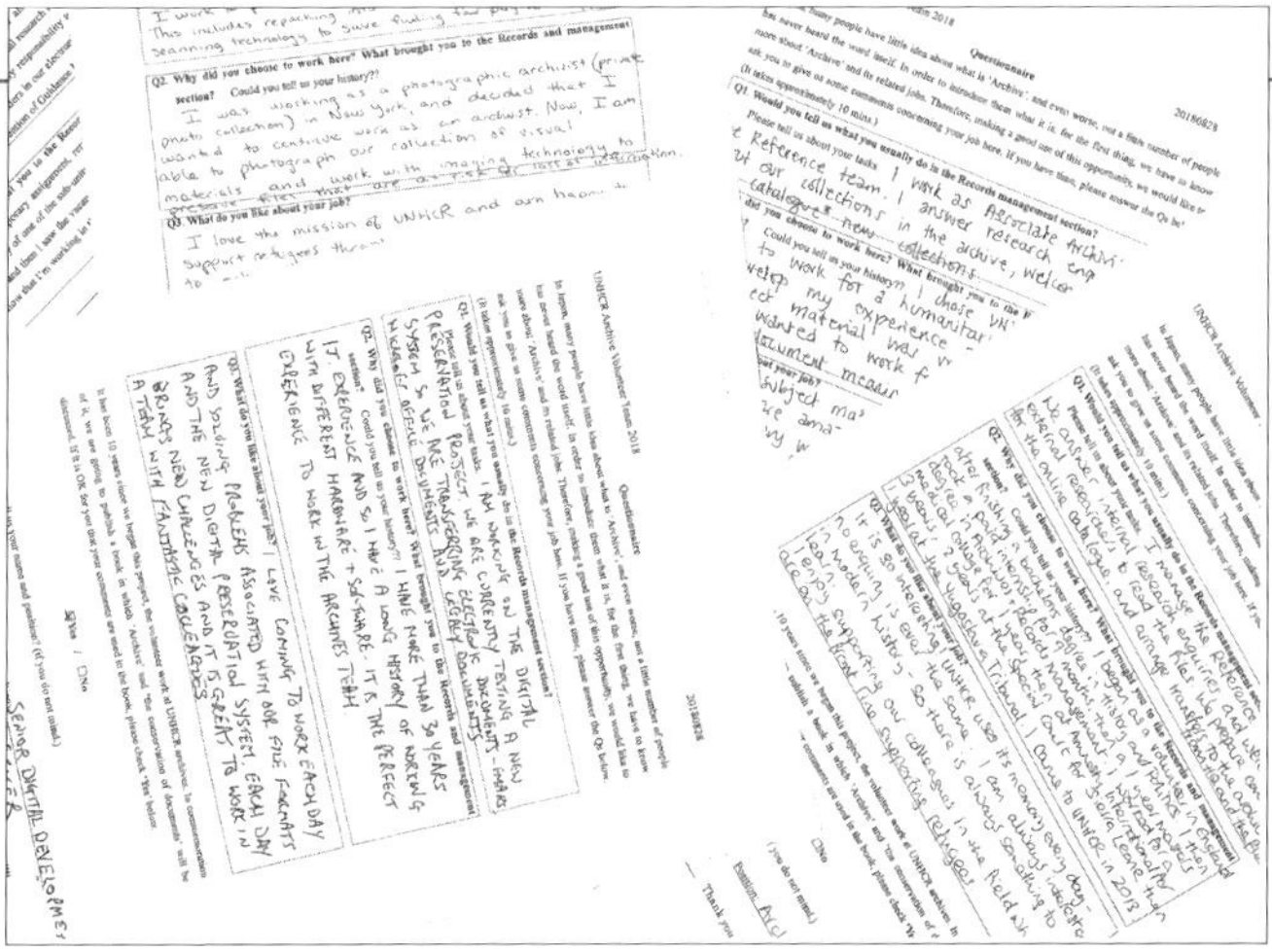

寄せられたアンケート　2018.8

◆准アーキビスト　H・Aさん

1. レファレンスチームで准アーキビストとして働いています。調査要求に対応して所蔵資料を調べたり、閲覧者に対応し、新規コレクションの目録を作成します。目録作成とは、資料をカタログ化し、組織内外の利用者が利用できるように資料を私共のデータベースに記述することです。

2. UNHCRに入ったのは、人道組織で働きたかったのとアーキビストとしての経験を積みたかったから。特に私には（人道的）資料が重要でした。というのも、歴史的に意味がある資料を所蔵するアーカイブで働きたかったからです。

3. 取り扱う問題主題が非常に興味深く思われ、同僚は驚くほど優しくて楽しそう。UNHCRは大変存在意義がある組織です。自分の仕事からその組織の意義を学ぶことが好きです。自分の仕事とは、組織内外の閲覧利用者の支援です。

◆アーキビスト（調査担当）　H・Fさん

1．私は調査係長です。組織内利用者の要求に対応し、外部利用者には資料解読を手伝います。オンラインカタログを作成し、UNHCRの出先から本部アーカイブへの移管の調整を行います。

2．英国で歴史と政治学を学び、ボランティアをしました。次に有給インターンとして九ヵ月働き、さらに一年でアーカイブ／記録管理学の修士をとりました。その後医学部で一年、アムネスティー・インターナショナルで三年、シエラレオネ特別裁判所で二年、ユーゴスラビア トリビューナルで一年を経て、二〇一三年UNHCRにきました。

3．UNHCRはとてもおもしろい。UNHCRでは日々その記憶を用いている。同じ質問はまずありません。いつも学ぶことがあるから、現代史はおもしろいと思います。UNHCRの出先の仲間が難民と向き合っているのを支援することは楽しいことです。

◆准保存技師　Lさん

1．物理的に保存を続ける上でリスクのある資料の中からファイルを保存する仕事を担当しています。具体的にはアーカイブ資料の綴じ直しや一九九〇年代の感熱紙に印字されて、もう消えそうなファックスを、スキャナの技術で救済するなどの作業です。

2. ニューヨークで写真アーキビスト（個人写真コレクション）をしていて、この仕事を続けたいと考えました。今はビジュアル資料の撮影もできます。情報が失われそうなファイルを撮影で保存することもあります。

3. UNHCRの仕事は大好きで、難民の支援につながることができて幸せです。同僚の皆様はとても立派な方ばかりで、互いに学びあうことも多いということも重要です。UNHCRの歴史を保存する仕事に携われて、とても幸せです。

◆ ◆

アーカイブを扱う専門的な仕事の実態は日本ではあまり知られていない。右のアンケートを見ると、アーキビストと呼ばれる指導的役割の人を中心に、所蔵資料の目録を採る担当者、紙資料の保護に取り組む人、組織内外の利用者の便を図るために工夫を凝らす人などいくつもの仕事にそれぞれ携わっていることがわかる。そして、何より、各自がこの組織の大きな目的である難民を支援することにつながっていることを誇りとし、そのためにさらに自分のスキルを磨くことを喜びとして働いていることがとてもよくわかるし、実際にその場にいた私たちにも感じられた。

世界各国から送られてくる難民関係の資料は増える一方で、整理に追われることもあるが、それをアーカイブとして残し、利用、参照することによって、今後、人々が同じような誤らを犯さないように願って彼らは日々仕事をしていると思われる。

日本でも公文書館、資料館等で同じような仕事をしている人はいるが、なかなか一般に知られることが少ない。増大する資料の中で、目的を見失うことなく、未来のためにアーカイブを残す誇りある仕事であることを知ってほしい。

＊二〇一八年夏のＵＮＨＣＲ資料整理ボランティア参加者は、ＵＮＨＣＲの専門職の人たちがどのような経験をもち、どう考えて作業しているかを知りたいと思い全員で質問項目を考え、お願いしてアンケートに答えてもらった。213頁の写真にあるように原文は英文である。質問項目の英訳は平井洸史が、回答の日本語訳は小川千代子が担当し、大西愛が全体をまとめた。

おわりに——これからのアーカイブに向けて

小川千代子

今、「アーカイブ」というカタカナ語は日本語として使われている。そこで付与される意味は、場面ごとに異なるといってもいいほど、間口が広い。中でも、デジタル・アーカイブ構築という表現には悩まされ続けている。アーカイブは文書、または文書館というのが最も古くから使われている意味内容である。コンピュータ用語としてのアーカイブは、情報を保存する（こと）を意味する。だが、デジタル・アーカイブ構築は、デジタル・アーカイブの定義が不安定なうえに、そうした「不安定」なものを「構築」するということなのかと、頭を悩ませて来ていた。

ところが、この悩みを一気に吹き飛ばし、その概念を明確化する講演を聞く機会に恵まれた。

デジタル・メモリーという考え方

二〇一六年一〇月一五日、中国人民大学情報資源管理学院馮恵玲教授は、学習院大学で「デジタル・メモリーとアーカイブズ資源開発――中国における現状を中心に――」と題し、情報資源の開発と利用について講演した。内容は、現在中国をはじめ世界各地で展開されている、日本では「デジタル・アーカイブ」プロジェクトとして紹介されているプロジェクトを、横断的に見て評価を加えるものであった。馮教授は、図書館、博物館、公文書館はいずれも情報資源を所蔵するが、所蔵された情報資源はいずれも「不活性」のままであると決めつけた。そして中国人民大学では、これら不活性な資料群の中から、選び出した資料を組み合わせて、活性ある「ドキュメンタリー」を制作することをプロジェクトとして実施していると簡単な報告を行った。「ドキュメンタリー」を制作するには、どのような組織の階層に基盤を置くか、どのようなテーマを選ぶか、を考える。次にテーマが決まったらそれにしたがって図書館、博物館，公文書館が所蔵する資料を選び出し、ドキュメンタリーのあらすじを決める。こうして、画像資料中心とした「デジタル・メモリー」を構築するのが、デジタル・

メモリー構築プロジェクトなのである、とする説明がなされた。この説明を聞いて、日本で主として三・一一以来、デジタル・アーカイブ構築といわれているデジタル画像コレクションの作成のことを連想した。デジタルの材料を使って、社会的な共有記憶を記録として取りまとめるというのだから、その目指しているところは限りなく近いと感じたのである。

馮教授は「二〇年前に日本にいたことがあった。そのとき日本語を話したが、今は忘れました」と言いつつ、九〇分の発表はすべて日本語で語った。明快な日本語で「大好きな文書管理の研究を一九七九年から続けてきた」と自らの足跡を振り返った。

馮教授が描いて見せた「アーカイブズ資源開発」とは、研究者なり、特定のテーマを持つアーカイブ利用者が、図書館や博物館も含めて資料を横断的に渉猟し、その成果を踏まえて新たなデジタル著作物を作り出すこと、と理解できる。日本で類似の手法を用いた事例では、NHK『ファミリーヒストリー』がある。有名人の先祖の足跡をたどり、現在の主人公とのかかわりを解明するものだ。解明される過去の事実との出会いは確かに面白いのだが、過去の事実の証拠がどのようにして見出されたのか、どのようにそれまで保存されていたのかについての調査結果の報告がほとんど見えない。この点、正直なところ筆者には物足りない。

話を戻そう。馮教授によると、中国では「デジタルメモリー構築」がキーワードとなっているらしい。日本で近年盛んに取りざたされたMLA連携（Mミュージアム、L図書館、Aアーカイブの連携のこと）にはほとんど触れない。中国各地で行われているという、図書館や博物館、文書館の所蔵資料を適切に選び出し、新たな筋書きを組み立ててようとする各種「デジタル・メモリー構築」プロジェクトは、「情報資源開発」事業そのものであることは言を俟つまい。記録物を組み合わせてデジタルを基盤にしたプログラムを作成する、これをウェブ上で提供するという仕組みは、日本では各地の役所が主導する観光案内などに多く用いられている。馮教授の発表では、構築されたデジタル・メモリーの利用実績までは聞き漏らした。

「デジタル・メモリー」（デジタル・アーカイブではなく）であれば、それを「構築」するメモリー、個人や社会が脳裏に保持する記憶を具体的なデジタル画像に表現し直し、これを社会的記録として共有できるようにウェブに掲示し、そこで保存の道筋を探る、ということに、ブレはない。この用語こそ、日本語でカタカナ語として、意味を伝えることが可能な言葉であることを、講演を聞きながら確信した。デジタル・メモリーの構築、既存の資料を使って、デジタル媒体を駆使して、あらかじめ決めた筋書に従ってドキュメンタリーを制作する──大変にわかりやすく適切な用語を教示され、深く感銘を受けた。

情報資源を確実に保存し続ける機関、組織、行動

二〇世紀初頭から一九七〇年代までの日本では、アルカイヴ、アーカイブはなじみのない外国語でしかなかった。一九八七年一二月、公文書館法が成立したころから、アーカイブ(ズ)の語が公文書館関係者の間に少し浸透し始め、二一世紀直前のころになるとデジタル・アーカイブが政府のＩＴ戦略と経済浮揚政策のもとで多用され始めた。このような流れを見ると、二一世紀の現在、アーカイブは経済浮揚のキーワードとして用いられ、普及浸透しつつあることが見て取れる。これからも、アーカイブは経済政策の波に乗ってより普及が図られ

ていく可能性は高い。このような環境下で、その本来の意味を見失うことがないよう、切に願うものである。元来、「アーカイブ」には、証拠性の高い記録物や情報資源の確実な長期保管という意味合いがある。近視眼的経済浮揚政策に踊らされたまま、「保存する」というアーカイブの本来的意味を置き去りしてはならない。必要な記録物を確実に未来に向けて保存し続ける機関、組織、及びそれを行うという動作、更には保存される記録物そのもの、これがアーカイブの変わらぬ意味でなければならない。

改めて記しておこう。アーカイブとは、まことに「保存する」ということそのものを意味するのである。一九世紀半ばに日本に入ってきたカタカナ語の一つである「アーカイブ」は、二〇〇五年国立国語研究所により、「保存記録」「記録保存館」とする言い換え提案が出された。今、この提案を積極的に受け入れることにより、巷間あふれかえる「アーカイブ」の語たちが本質的な意味である「保存記録」「記録保存館」の用語に置き換えられることにより、これまであいまいにされてきたアーカイブをめぐる本質的な概念と実態の整理がなされていくことを筆者は強く望むものである。

執筆者

金山正子（かなやま・まさこ）

1962年生まれ。立命館大学文学部史学科日本史学専攻卒業。公益財団法人元興寺文化財研究所文化財調査修復研究グループリーダー（総括研究員）。専門分野は記録資料の保存修復。自治体史編纂、公文書館勤務等を経て紙資料の修復に携わる。2010年から海外アーカイブ・ボランティアの会に参加。論文「切支丹文書をバチカンで修復する」『元興寺文化財研究所研究報告2016』（2017）、「記録和紙資料の伝統修復と新しい技法」『オレオサイエンス　第18巻第10号』（公益財団法人 日本油化学会 2018）他、共著『紙と本の保存科学』（岩田書院 2009）、『アーカイブ・ボランティア』（大阪大学出版会 2014）など。

元　ナミ（ウォン・ナミ）

1983年生まれ。ソウル市立大学校国史学科卒業、東京学芸大学教育学研究科修士課程修了。学習院大学大学院人文科学研究科アーカイブズ学専攻博士後期課程に在学中。現在、京都大学大学文書館助教。研究分野は日本、韓国、アメリカとイギリスを中心とする地方公文書館の開設・運営に関する国際的比較研究。2011年から海外アーカイブ・ボランティアの会に参加。

平井洸史（ひらい・たけし）

1993年生まれ。大阪大学文学部人文学科卒業。同文学研究科博士前期課程修了。現在、大阪府立近つ飛鳥博物館の学芸員。専門分野は日本考古学。特に古墳時代社会が研究テーマ。埋蔵文化財および博物館資料の管理方法についても関心がある。2018年からUNHCRアーカイブボランティアに参加。

武田浩子（たけだ・ひろこ）

1962年生まれ。奈良佐保女学院短期大学卒業。奈良県立橿原考古学研究所、天理市教育委員会、大和郡山市教育委員会で埋蔵文化財調査補助員を務める。現在、公益財団法人元興寺文化財研究所で研究補佐員として勤務。

編集・執筆者

小川千代子（おがわ・ちよこ）

1971年東京都立大学人文学部卒業。東京大学百年史編集室、国立公文書館を経て1993年国際資料研究所を設立。1989- 米国アーキビストアカデミー公認アーキビスト。2013-2017藤女子大学図書館情報学課程教授。2003-08年 全史料協副会長、09- 同参与。2009年大西愛と共に海外アーカイブ・ボランティアの会結成、会長就任。2013-17年 記録管理学会会長。著書『情報公開の源流』『アーカイブを学ぶ』（以上、岩田書院 1997, 2007）『電子記録のアーカイビング』（日外アソシエーツ 2003）、『文書館用語集』『アーカイブ事典』『アーカイブ・ボランティア』『アーカイブ基礎資料集』（以上共編著、大阪大学出版会 1997, 2003, 2014, 2015）他。『政策提言　公文書管理の法整備に向けて』（商事法務 2007）専門は記録管理、電子記録長期保存、アーカイブ。

菅　真城（かん・まさき）

1966年生まれ。広島大学大学院文学研究科国史学専攻博士課程後期単位修得退学。現在、大阪大学共創機構社学共創本部教授、大阪大学アーカイブズ教授兼任。博士（学術）。日本アーカイブズ学会登録アーキビスト。記録管理学会会長。香川県立文書館運営協議会委員。専門分野はアーカイブズ学、記録管理学、日本史学。著書に『大学アーカイブズの世界』（大阪大学出版会 2013）、共編著に『アーカイブ基礎資料集』（大阪大学出版会 2015）他多数。

大西　愛（おおにし・あい）

1965年大阪大学文学部史学科卒、伊丹市史編集室・同市立博物館勤務。1974年ベルギー・ブリュッセル日本人学校教員、1979年大阪大学五十年史資料・編纂室、大阪府公文書館を経て、2019年まで大阪大学出版会所属。2009年海外アーカイブ・ボランティアの会を結成、国際機関のアーカイブ整理を続けている。『阪神大震災と出版』（共著、日本エディタースクール 1995）、『文書館用語集』（共編著 1997）、『アーカイブ事典』（共編著 2003）、『アーカイブ・ボランティア』（編著 2014、以上　大阪大学出版会刊行）。

本書刊行にあたり、須崎和正氏（スピナッチ株式会社、埼玉県）の出版助成を得た。

阪大リーブル70

公文書をアーカイブする
——事実は記録されている——

発行日　2019年7月30日　初版第1刷発行　〔検印廃止〕

編　者　小川千代子・菅　真城・大西　愛

発行所　大阪大学出版会
代表者　三成　賢次
〒565-0871
大阪府吹田市山田丘2-7　大阪大学ウエストフロント
電話（代表）：06-6877-1614　FAX：06-6877-1617
URL　http://www.osaka-up.or.jp

印刷・製本　株式会社 遊文舎

ISBN 978-4-87259-638-0　C1336

HANDAI Live

阪大リーブル

- 001 ピアノはいつピアノになったか？ （付録CD「歴史的ピアノの音」） 伊東信宏 編 定価 本体1700円+税
- 002 日本文学 二重の顔 〈成る〉ことの詩学へ 荒木浩 著 定価 本体2000円+税
- 003 超高齢社会は高齢者が支える 年齢差別《エイジズム》を超えて創造的老い《プロダクティブ・エイジング》へ 藤田綾子 著 定価 本体1600円+税
- 004 ドイツ文化史への招待 芸術と社会のあいだ 三谷研爾 編 定価 本体2000円+税
- 005 猫に紅茶を 生活に刻まれたオーストラリアの歴史 藤川隆男 著 定価 本体1700円+税
- 006 失われた風景を求めて 災害と復興、そして景観 鳴海邦碩・小浦久子 著 定価 本体1800円+税
- 007 医学がヒーローであった頃 ポリオとの闘いにみるアメリカと日本 小野啓郎 著 定価 本体1700円+税
- 008 歴史学のフロンティア 地域から問い直す国民国家史観 秋田茂・桃木至朗 編 定価 本体2000円+税
- 009 懐徳堂 墨の道 印の宇宙 懐徳堂の美と学問 湯浅邦弘 著 定価 本体1700円+税
- 010 ロシア 祈りの大地 津久井定雄・有宗昌子 編 定価 本体2100円+税
- 011 懐徳堂 江戸時代の親孝行 湯浅邦弘 編著 定価 本体1800円+税
- 012 能苑逍遥(上) 世阿弥を歩く 天野文雄 著 定価 本体2100円+税
- 013 わかる歴史・面白い歴史・役に立つ歴史 歴史学と歴史教育の再生をめざして 桃木至朗 著 定価 本体2000円+税
- 014 芸術と福祉 アーティストとしての人間 藤田治彦 編 定価 本体2200円+税
- 015 主婦になったパリのブルジョワ女性たち 一〇〇年前の新聞・雑誌から読み解く 松田祐子 著 定価 本体2100円+税
- 016 医療技術と器具の社会史 聴診器と顕微鏡をめぐる文化 山中浩司 著 定価 本体2200円+税
- 017 能苑逍遥(中) 能という演劇を歩く 天野文雄 著 定価 本体2100円+税
- 018 太陽光が育くむ地球のエネルギー 光合成から光発電へ 濱川圭弘・太和田善久 編著 定価 本体1600円+税
- 019 能苑逍遥(下) 能の歴史を歩く 天野文雄 著 定価 本体2100円+税
- 020 懐徳堂 市民大学の誕生 大坂学問所懐徳堂の再興 竹田健二 著 定価 本体2000円+税
- 021 古代語の謎を解く 蜂矢真郷 著 定価 本体2300円+税
- 022 地球人として誇れる日本をめざして 日米関係からの洞察と提言 松田武 著 定価 本体1800円+税
- 023 フランス表象文化史 美のモニュメント 和田章男 著 定価 本体2000円+税
- 024 懐徳堂 漢学と洋学 伝統と新知識のはざまで 岸田知子 著 定価 本体1700円+税
- 025 ベルリン・歴史の旅 都市空間に刻まれた変容の歴史 平田達治 著 定価 本体2200円+税
- 026 下痢、ストレスは腸にくる 石蔵文信 著 定価 本体1300円+税
- 027 セルフメディケーションのためのくすりの話 那須正夫 著 定価 本体1100円+税
- 028 格差をこえる学校づくり 関西の挑戦 志水宏吉 編 定価 本体2000円+税
- 029 リン資源枯渇危機とはなにか リンはいのちの元素 大竹久夫 編著 定価 本体1700円+税
- 030 実況《ライブ》・料理生物学 小倉明彦 著 定価 本体1700円+税

- 031 **夫源病** こんなアタシに誰がした　石蔵文信 著　定価 本体1300円+税
- 032 **ああ、誰がシャガールを理解したでしょうか？** 二つの世界間を生き延びたイディッシュ文化の末裔　圀府寺司 編著　CD付　定価 本体2000円+税
- 033 **懐徳堂 懐徳堂ゆかりの絵画**　奥平俊六 編著　定価 本体2000円+税
- 034 **試練と成熟** 自己変容の哲学　中岡成文 著　定価 本体1900円+税
- 035 **ひとり親家庭を支援するために** その現実から支援策を学ぶ　神原文子 編著　定価 本体1900円+税
- 036 **知財インテリジェンス** 知識経済社会を生き抜く基本教養　玉井誠一郎 著　定価 本体2000円+税
- 037 **幕末鼓笛隊** 土着化する西洋音楽　奥中康人 著　定価 本体1900円+税
- 038 **ヨーゼフ・ラスカと宝塚交響楽団** （付録CD「ヨーゼフ・ラスカの音楽」）　根岸一美 著　定価 本体2000円+税
- 039 **上田秋成** 絆としての文芸　飯倉洋一 著　定価 本体2000円+税
- 040 **フランス児童文学のファンタジー**　石澤小枝子・高岡厚子・竹田順子 著　定価 本体2200円+税
- 041 **東アジア新世紀** リゾーム型システムの生成　河森正人 著　定価 本体1900円+税
- 042 **芸術と脳** 絵画と文学、時間と空間の脳科学　近藤寿人 編　定価 本体2200円+税
- 043 **グローバル社会のコミュニティ防災** 多文化共生のさきに　吉富志津代 著　定価 本体1700円+税
- 044 **グローバルヒストリーと帝国**　秋田茂・桃木至朗 編　定価 本体2100円+税
- 045 **屏風をひらくとき** どこからでも読める日本絵画史入門　奥平俊六 著　定価 本体2100円+税
- 046 **アメリカ文化のサプリメント** 多面国家のイメージと現実　森岡裕一 著　定価 本体2100円+税
- 047 **ヘラクレスは繰り返し現われる** 夢と不安のギリシア神話　内田次信 著　定価 本体1800円+税
- 048 **アーカイブ・ボランティア** 国内の被災地で、そして海外の難民資料を　大西愛 編　定価 本体1700円+税
- 049 **サッカーボールひとつで社会を変える** スポーツを通じた社会開発の現場から　岡田千あき 著　定価 本体2000円+税
- 050 **女たちの満洲** 多民族空間を生きて　生田美智子 編　定価 本体2100円+税
- 051 **隕石でわかる宇宙惑星科学**　松田准一 著　定価 本体1600円+税
- 052 **むかしの家に学ぶ** 登録文化財からの発信　畑田耕一 編著　定価 本体1600円+税
- 053 **奇想天外だから史実** 天神伝承を読み解く　髙島幸次 著　定価 本体1800円+税
- 054 **とまどう男たち―生き方編**　伊藤公雄・山中浩司 編著　定価 本体1600円+税
- 055 **とまどう男たち―死に方編**　大村英昭・山中浩司 編著　定価 本体1500円+税
- 056 **グローバルヒストリーと戦争**　秋田茂・桃木至朗 編著　定価 本体2300円+税
- 057 **世阿弥を学び、世阿弥に学ぶ**　大槻文藏 監修　天野文雄 編集　定価 本体2300円+税
- 058 **古代語の謎を解く Ⅱ**　蜂矢真郷 著　定価 本体2100円+税
- 059 **地震・火山や生物でわかる地球の科学**　松田准一 著　定価 本体1600円+税
- 060 **こう読めば面白い！フランス流日本文学** ―子規から太宰まで―　柏木隆雄 著　定価 本体2100円+税

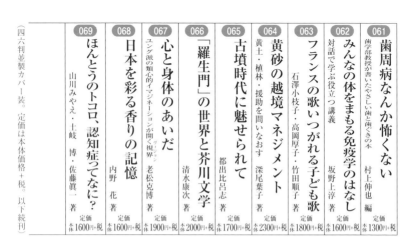